탐심
세상과 부에 대한 사랑

Directions against Covetousness,
or Love of Riches, and against Worldly Cares

by Richard Baxter

Korean Edition published by Word of Life Press, Seoul ⓒ 2021.
All rights reserved.

Printed in Korea.

탐심 세상과 부에 대한 사랑

ⓒ생명의말씀사 2021

2021년 7월 27일 1판 1쇄 발행

펴낸이 | 김창영
펴낸곳 | 생명의말씀사

등록 | 1962. 1. 10. No.300-1962-1
주소 | 서울시 종로구 경희궁1길 6 (03176)
전화 | 02)738-6555(본사) · 02)3159-7979(영업)
팩스 | 02)739-3824(본사) · 080-022-8585(영업)

기획편집 | 태현주
디자인 | 김혜진, 윤보람
인쇄 | 영진문원
제본 | 정문바인텍

ISBN 978-89-04-16770-8 (03230)

저작권자의 허락없이 이 책의 일부 또는 전체를
무단 복제, 전재, 발췌하면 저작권법에 의해 처벌을 받습니다.

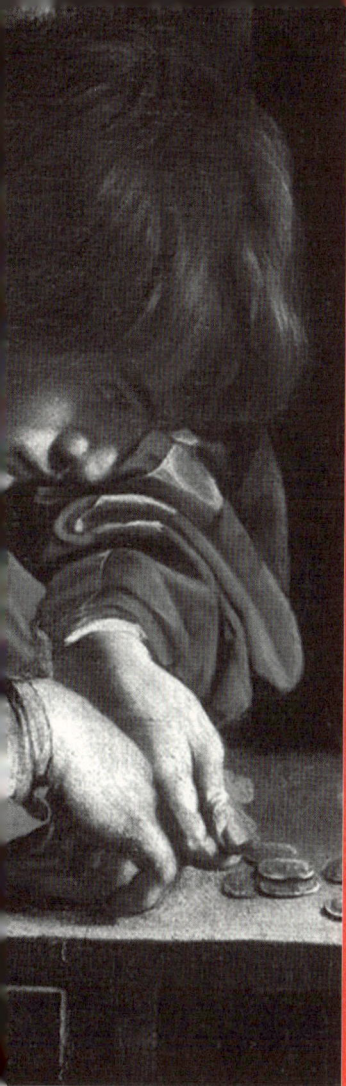

Directions against Covetousness,
or Love of Riches, and against Worldly Cares

탐심

세상과 부에 대한 사랑

리처드 백스터 지음 | 황영광 옮김

리처드 백스터
Richar Baxter, 1615-1691

영국의 대표적인 청교도 목회자이자 신학자인 리처드 백스터는 그 누구보다도 뜨거운 구령의 열정을 지닌 인물이었다. 절대 권력 앞에서도 기죽지 않고 프로테스탄트 교회의 분열을 반대하는가 하면 영국 국교회의 탄압에도 정치적, 종교적 변절을 거부하였던 그는 실로 당시 영국에서 일어난 거의 모든 논쟁에서 중심 역할을 한 인물이라고 할 수 있다.

백스터는 허약한 체질과 궁핍한 집안 형편으로 인해 당대의 청교도 지도자들과는 달리 정규 교육을 제대로 받지 못했다. 그러나 독서와 사숙으로 갈고닦은 그의 학문은 명문대 출신 학자들 가운데서도 소수만이 견줄 수 있을 정도로 탁월했다.

1638년 영국 국교회 사제 서품을 받은 그는 1641년부터 직물 교역과 제조업이 성행했던 영국 남부 키더민스터에서 목회를 시작

1644년 마스턴 무어 전투에서 왕당파에게
대승을 거둔 올리버 크롬웰과 그의 철기병

하였으며, 이후 20년간 그 도시의 많은 영혼을 주님께 인도하며 지역 전체에 영적 부흥을 일으키고 변화시킬 정도로 놀라운 목회적 성공을 거두었다.

1642년에 일어난 청교도 혁명 때는 의회파 군대에 속하여 크롬웰군의 군종 목사를 지내며 비국교도 신자들의 지도자이자 대변인으로서의 역할을 다하였다. 1660년 왕정이 복고되어 찰스 2세(Charles II)가 즉위한 이후 국교도들이 권세를 잡으면서 백스터 역시 영국 국교회의 주교 제도를 선택할 것을 촉구받았지만 굽히지 않았고 이로 인해 극심한 핍박을 받게 되었다.

1662년 『통일령』(Act of Uniformity)의 공포와 함께 그는 국교회에서 퇴출되었고 설교권마저 빼앗겼다. 그럼에도 비국교도 목사로서 설교를 계속 이어갔으나 1685년에는 국교회를 중상했다는 이

Directions against Covetousness,
or Love of Riches, and against Worldly Cares

유로 심문을 받고 18개월간 투옥되기까지 하였다.

백스터는 결국 긴 수감 생활로 인해 건강을 해쳤고 풀려난 이후에도 병마에 시달려야 했다. 그러나 그는 '죽어 가고 있는 사람이 죽어 가고 있는 사람에게' 하듯 하는 간절한 설교를 그치지 않았다. 그는 탁상공론만 하는 신학자가 되기를 원치 않았다. 그는 때로는 불과 같이 때로는 칼과 같이 예리하고 명료한 말로 확실한 회개와 거듭남의 길로 성도들을 이끌고자 노심초사하였다. 또한 습관적 지도에 젖은 목회자들을 각성시키고 헌신적인 목양을 할 수 있도록 돕고자 골몰하였다.

백스터는 평생에 걸쳐 신앙, 목회, 종교적 관용, 그리스도인의 윤리와 생활 등 여러 영역에 걸쳐 200여 권의 책을 집필하였다. 대표작으로 꼽을 수 있는 『성도의 영원한 안식』(The Saints' Everlasting

백스터가 시무했던 키더민스터의
교회 앞에 세워져 있는 백스터 기념 동상

Rest, 1650), 『참 목자상』(The Reformed Pastor, 1656), 그리고 본서의 모본인 『그리스도인 지침서』(A Christian Directory, 1673)를 비롯해서 그의 탁월한 저작들은 지금까지도 수많은 그리스도인에게 영향을 끼치고 있다.

세상과 타협하고 궁궐에서 사는 것보다 믿음대로 살면서 감옥에 들어가기를 선택하였던 이 재능이 뛰어난 청교도의 깊은 신앙심과 용기는 키더민스터의 교인들과 비국교도들이 세운 기념비에서도 확인할 수 있다.

1641년부터 1660년까지 이곳은 리처드 백스터의 일터였다. 이제 여기는 그의 기독교적 지식과 목회적 충실로 인해서 그와 똑같이 유명하게 되었다. 폭풍우가 몰아치는 분열의 시대에 그는 일치와 이해를 옹호하였고 영원한 평안의 길을 제시하였다.

목차

저자 소개	리처드 백스터(Richard Baxter, 1615-1691)	**4**
시작하는 글	탐심, 부에 대한 사랑과 세상 염려에 관하여	**11**

제1부   탐심이란 무엇인가?

가르침 1   탐심의 본질과 악함을 잘 이해하라   **15**

피조물에 대한 정당한 사랑
탐심이란 무엇인가?
세상을 사랑하는 것이 우리를 지배할 때
세상을 사랑하는 것의 악함
탐심의 징표들
자신이 탐욕스럽지 않다는 착각과 자기기만
탐욕스럽다고 잘못 정죄하는 경우

제2부	탐심에 어떻게 맞서야 하는가?	
가르침 2	하늘의 위대함을 생각하라	49
가르침 3	생이 짧음을 기억하라	55
가르침 4	참으로 필요한 것이 무엇인지를 고려하라	60
가르침 5	부는 죽음 앞에서 무용지물이다	62
가르침 6	부의 위험성을 경계하라	66
가르침 7	더 많이 가질수록 더 많은 책임을 져야 한다	70
가르침 8	치러야 할 대가를 생각하라	72
가르침 9	그리스도의 본을 생각하라	76
가르침 10	초대 그리스도인들을 생각하라	78
가르침 11	세상 물질의 목적을 기억하라	80
가르침 12	하나님의 약속을 기억하라	85
가르침 13	세상에 속한 마음의 해악	87
가르침 14	세상 사랑의 저급함을 생각하라	93
가르침 15	하나님의 심판을 생각하라	94
가르침 16	탐심이 강해질 때 맞서 싸우라	96
가르침 17	천국을 마지막으로 미루지 말라	98
가르침 18	육을 죽이라	100
마치는 글	삼가 모든 탐심을 물리치라	103

시작하는 글

탐심, 부에 대한 사랑과
세상 염려에 관하여

이 책에서는 '탐심, 부에 대한 사랑, 그리고 세상 염려'라는 주제를 놓고 짧게 말하고자 합니다. 관련해서 『그리스도의 십자가로 세상을 못 박는 것』(The Crucifying of the World by the Cross of Christ)이라는 제목으로 긴 책을 이미 썼기 때문입니다. 거기서 저는 서문과 본문을 통해 이 탐심의 죄에 관해 많은 가르침을 제공했습니다.

Directions against Covetousness,
or Love of Riches, and against Worldly Cares

제 1 부

탐심이란 무엇인가?

세상을 사랑하는 것은 인간이 영원한 행복에 대한 살아 있는 믿음도 없고
자신의 보물과 소망을 하늘에 쌓아두지도 않을 때 나타납니다.
단지 자기 기준에 가장 높은 것, 그리고 자기 마음에 가장 소중한 것에서
즐거움과 현세의 부요함을 추구하는 것입니다.

"악인은 그의 마음의 욕심을 자랑하며
탐욕을 부리는 자는 여호와를 배반하여 멸시하나이다
악인은 그의 교만한 얼굴로 말하기를 여호와께서 이를 감찰하지 아니하신다 하며
그의 모든 사상에 하나님이 없다 하나이다" 시편 10:3-4

가르침 1 탐심의 본질과 악함을 잘 이해하라

　　　　　　탐심과 세상 사랑의 죄는 어떤 것이며 대체 왜 그렇게나 크고 위험한 것인지에 대해 알아야 합니다. 오늘 밝히 드러내고자 합니다.

　첫째로, 부를 사랑하는 것의 어떤 측면이 정당한 것인지, 둘째로, 부를 사랑하는 것의 부당한 점은 또 무엇인지, 그리고 이 탐심 또는 세상을 사랑하는 죄는 무엇으로 이루어져 있는지, 셋째로, 이 죄의 어디가 위험하고 심각한 것인지, 넷째로, 이 죄의 징표들은 어떠한 것인지, 다섯째로 세상 사람들의 눈으로부터 이 죄를 감추는 상반된 미덕의 속임수에는 어떤 것들이 있는지, 여섯째로 이에 대한 잘못된 이해가 어떻게 많은 이들을 부당하게 탐욕스럽다고 판단받게 했는지에 대해 알아보고자 합니다.

피조물에 대한 정당한 사랑

I. 피조물을 향한 사랑, 세상이나 부에 대한 사랑이 모두 죄가 되는 것은 아닙니다.

1. 하나님의 모든 일은 선한 것이기 때문입니다. 그리고 모든 경건은 사랑할 만한 것입니다. 모든 것이 하나님과 연관이 있으며 그분의 능력과 지혜가 선하심이 각인되어 있기에 우리는 그것들을 사랑해야 합니다. 하나님을 위해서 사랑할 수 있다는 말입니다.

2. 하나님 속성의 모든 아름다움이 그분의 사역에서 드러나 있습니다. 피조물은 하나님 속성의 거울입니다. 거기서 우리는 멀리서 창조주를 볼 수 있습니다.

거기서 경험하는 달콤함은 그분에게서 떨어지는 것입니다. 하나님의 선하심과 사랑의 맛입니다. 이것들은 모두 우리를 하나님께로 인도합니다. 우리 생각을 하나님께로 되돌리는 데 도움을 줍니다. 아끼는 친구를 향한 사랑의 마음이 그렇듯 우리 가슴을 하나님을 향한 사랑으로 불타게 합니다. 그것은 하나님과 연합하는 것의 수단이 되며 그것들을 사랑하는 것은 의무이지 죄가 아닙니다.

3. 이 세상은 본디 우리 육신을 유지하고 생명과 건강과 생기를 보존하기 위한 수단입니다. 그래서 우리 감각들은 이 세계를 사랑합니다. 모든 짐승들이 먹이를 찾는 것처럼 이 사랑 자체는 도덕적인 것이 아닙니다. 덕도 아니고 악도 아닙니다. 우리 이성에 따라 순종을 위해 사용되는지 불순종을 위해 사용되는지가 결정됩니다. 순종을 위해 사용되는 것이라면 선한 것이고 불순종을 위해 사용된다면 악한 것입니다.

4. 피조물은 우리 육신에 반드시 필요한 것입니다. 우리가 하나님을 섬길 때 이 세상에 기대어 섬기니 말입니다.

5. 피조물은 천국을 향해 가는 순례길에서, 영원을 준비하

는 이 길에서, 우리의 육신을 유지시켜 주는 필수적인 역할을 합니다. 그러므로 우리의 구원에 간접적 도움을 주는 존재로서 피조물은 사랑받아야 마땅합니다. 방금 언급한 두 가지 점 때문에 우리는 "일용할 양식을 주시옵고"라고 기도하는 것입니다.

6. 부는 궁핍한 형제들을 위로할 수 있고 교회와 국가를 위해 선한 일을 장려하는 데 사용할 수도 있습니다. 그러니 부는 사랑할 수 있습니다. 이 정도로 보면 우리는 피조물과 부를 사랑할 수 있고 그것들에 감사할 수 있습니다. 우리는 선한 것에만 감사해야 하니 말입니다.

탐심이란 무엇인가?

II. 하지만 다음과 같은 것들은 세상을 사랑하는 것, 죄악 되게 부를 사랑하는 것입니다.

1. 부를 사랑하고 갈망하며 구하는 것이 하나님이나 우리 구

원보다 우리 육신을 위한 것이 되거나 심지어 이 땅에서의 세상적 부요를 위한 것일 때, 단지 육신을 즐겁게 하고 그 욕망을 채우고자 하는 것일 때 그렇습니다.[1]

또는 다른 이들에게 너그럽게 대하고 친절함으로 과시하면서 살려 하는 우리 교만함을 만족시키고자 하는 것, 그 영광 가운데 우리의 위대함을 보이고자 하고 심지어 타인을 자기 뜻대로 제어하고자 하는 것이 그렇습니다.

2. 그리고 이런 맥락에서 이런 육신적 목적을 위해 부를 사랑하는 것이 그렇습니다. 일용할 양식에 만족하지 못하고 우리 영혼을 지켜 주고 하나님을 섬길 수 있게 하는 것들, 우리를 천국으로 인도해 주는 데 아무 문제가 없는 수준으로는 만족하지 못하는 것입니다.

그래서 우리가 어떤 목적으로 죄악 되게 부를 사랑하는지를 우선적으로 분별해야 합니다. 우리 교만함과 육신을 즐겁게 하려는 이유로 부를 사랑한다면 그것은 하나님과 하나님을 섬

---

[1] 빌 3:7-9; 약 1:10; 빌 4:11; 딤전 6:5; 잠 23:4, "부자 되기에 애쓰지 말고…."

기는 것, 그리고 하나님의 종들과 우리 구원에 우선순위가 있다기보다 세상적인 일과 육신적 행복을 위한 것입니다. 그래서 육신적 감각으로만 살아가는 이들이 이런 것들을 사랑하는 것과 달리 우리는 미워해야 합니다.

세상을 사랑하는 것이 우리를 지배할 때

세상을 사랑하는 것은 우리를 지배할 수 있습니다. 그래서 죽음의 확실한 징표가 될 수 있습니다. 아니면 우리가 지배하여 그 정도를 줄이고 우리를 구원하는 은혜에 복종하게 할 수 있습니다.

세상을 사랑하는 것은 경건하지 않은 이들이 그렇듯이 인간이 영원한 행복에 대한 살아 있는 믿음도 없고 자신의 보물과 소망을 하늘에 쌓아두지도 않을 때 나타납니다. 단지 자기 기준에 가장 높은 것, 그리고 자기 마음에 가장 소중한 것에서 즐거움과 현세의 부요함을 추구하는 것입니다. 즉, 이 세상의

부를 사랑하고 모든 공급하심을 자신의 일시적인 필요와 기쁨의 수단으로서만 사랑하는 것입니다.[2]

세상 사랑을 지배하고 있는 사람은 자신의 보화를 하늘에 둔 사람입니다. 그리고 영원한 소망을 실질적으로 모든 육신의 즐거움과 부요함 위에 두는 사람입니다. 그는 가장 먼저 하나님의 나라와 하나님의 의를 구하며 자신의 소유를 우선적으로 하나님과 자신의 구원을 위해 사용합니다.

그럼에도 여전히 제어되지 않은 육신의 부요함과 즐거움을 향한 욕망이 남아 있습니다. 그리고 그런 목적을 위해 부를 추구하는 마음도 남아 있습니다. 그러나 그는 그런 욕망들을 미워하고 슬퍼하며 뿌리치고자 애씀으로 그 욕망들을 지배하고 지배당하지 않습니다. 그 욕망들은 하나님과 자신의 구원에 대한 관심을 지배하지 못합니다.[3] 그렇지만 이 욕망은 사함을 받을 수 있다 해도 큰 죄악입니다.

---

[2] 눅 14:26, 33.
[3] 마 6:19-21, 33; 요 6:27; 눅 12:19-20; 18:22-23.

세상을 사랑하는 것의 악함

III. 이 죄의 악함 또는 그 심각함은 다음과 같은 점들에 있습니다. (특히 우리를 지배할 때 그렇습니다.)

1. 이 세상 또는 부를 향한 사랑은 단순히 무분별함이나 충동적인 감정의 문제가 아니라 숙고 후에 짓는 죄입니다. 세상에 속한 이들은 자신의 목적을 달성하기 위해 계획적으로 움직입니다.

2. 이 죄는 우리가 가장 큰 관심을 가져야 하는 것에 반대되는 것들에 대한 관심, 사랑 그리고 선택의 문제입니다. 이 죄는 잘못된 목적을 설정하는 죄입니다. 그리고 그 목적을 추구하는 죄입니다. 단지 수단만 잘못된 죄, 또는 목적은 올바르지만 추구하는 방식이 잘못된 죄가 아닙니다.

3. 이 죄는 우상 숭배입니다.[4] 또는 하나님을 부인하는 것입니다. 우리 마음이 그분에게서 멀어지는 것이며 그분이 창조

---

4) 엡 5:5; 골 3:5; 약 4:4.

한 피조물을 그분의 자리에 대신 앉히는 것입니다. 그 세력이 확장될 때 내버려 두는 것입니다.

세상에 속한 사람은 자신의 사랑과 믿음을 피조물에게 줍니다. 하나님께만 드려야 하는 것들인데 말입니다. 이 사람은 하나님보다 거기서 더 기쁨을 찾고 자신의 만족을 하나님보다 거기서 찾고 붙듭니다. 그렇기 때문에 요한일서 2장 15절이 세상을 사랑하는 사람은 아버지의 사랑이 그 안에 없다고 말하는 것입니다. 세상과 친밀해지는 것은 하나님을 대적하겠다는 것입니다.

4. 이는 천국에 대한 모욕입니다. 무시할 것은 세상인데도 이 비참한 세상을 더 좋아하는 것입니다.

5. 세상을 사랑하는 마음이 넘칠 때 이는 마음에 불신앙이 가득하다는 것을 보여줍니다. 만약 인간이 하늘의 영광과 거기로부터 오는 약속을 정말로 믿는다면 이 땅의 눈에 보이는 것들을 넘어설 것이기 때문입니다.

6. 이는 인간 영혼의 가치를 떨어뜨리는 것이며 그것을 짐승의 것과 다를 바 없이 여기는 것입니다. 육신을 섬기는 것과

일시적 만족에 우선순위를 두는 것은 영원한 행복과 고려해야 할 것들을 무시하는 것입니다.

7. 이는 단지 인간의 한 부분이나 한 행동이 아니라 인생 전체를 굽게 하는 것입니다. 잘못된 목적을 추구하는 것이니 말입니다. 이는 단지 어느 특정한 죄가 아니라 생각과 삶을 통해 진행되는, 관성이 붙어 버린 죄입니다.

8. 이는 하나님의 피조 세계가 처음 만들어질 때 부여받은 목적과 용도를 왜곡하는 것입니다. 하나님을 그분을 섬기고 영화롭게 하는 데 사용되어야 할 그분의 선물로 괄시하는 것이며, 영혼의 유익을 위해 주어진 은혜로 우리 영혼을 파괴하는 것입니다. 이것이 바로 이 증오스러운 죄의 참 본질입니다.

한마디로 이 죄는 하나님을 경멸하는 것이며 그분에게서 마음을 돌이키는 것이고 하나님을 섬기는 데서 삶을 돌려 이 세상과 육신을 섬기는 것입니다.

음행, 술 취함, 살인, 욕, 거짓 증거, 거짓말, 도둑질 등등은 모두 혐오스러운 죄입니다. 그렇지만 이 행동들은 경솔하게 유혹과 충동을 이기지 못해 범하는 것들입니다. 어떤 것도 관성적으로 하나님으로부터 마음을 떠나게 하는 악은 아닙니다. 탐심 또는 세상을 사랑하는 것처럼 말입니다.

탐심의 징표들

IV. 탐심의 징표들은 다음과 같습니다.

1. 하나님과 우리의 영원한 행복을 육신의 부요함과 즐거움보다 더 사랑하지 않는 것입니다. 오히려 육신적 부요함을 더 가치 있는 것으로 여기고 사랑하는 것입니다.[5]

2. 하나님의 피조물들을 하나님을 더 잘 섬기기 위해 주어진 것으로 보기보다 육신을 위한 공급으로 여기고 사랑하는 것입니다.

3. 우리가 의무를 더 잘 행하기에 필요하고 유용한 수준을 넘어서는 것을 욕망하는 것입니다.

---

5) 롬 13:14; 마 6:19; 딤전 3:8; 빌 3:19; 겔 33:31; 렘 9:23.

4. 제어되지 않는 이 땅의 것들을 향한 욕망들입니다.

5. 믿지 못하며 돌봄을 귀찮아하고 아직 오지 않은 일에 대해 불안해하며 계획하는 것입니다.

6. 일용할 양식 밖에 없을 때 만족하지 못하고 불편해하며 가난한 상황에 자족하지 못하는 것입니다.

7. 세상이 우리 생각을 지배할 때 우리는 더 쉽게 더 나은 위에 있는 것보다 세상을 향해 달려가게 됩니다. 탐심은 세상 부에 대한 생각이 그리스도와 은혜와 천국에 대한 생각보다 더 즐겁고 달콤하게 다가오는 것입니다. 또한 죄와 하나님을 기쁘시게 하지 못했다는 생각보다 우리의 가난에 대해 더 씁쓸해하고 슬퍼하는 것입니다.

8. 하나님과 우리 영혼에 대해 신경 쓰며 말하기보다 세상의 부요함에 관해 아무렇지도 않게, 더 달콤하게 말하는 것입니다.

9. 이 세상을 사랑하는 마음이 우리 가족을 뒤흔들고 하나님을 섬기고 우리와 다른 이들의 영혼을 위하는 모든 진지한 노력들을 하지 못하게 할 때, 또는 적어도 우리 신앙의 의무를 줄여 가고 세상을 더 사랑하며 그 의무는 구석으로 밀어 넣고

는 하지 않아도 된다며 가볍게 넘겨 버리게 할 때 우리가 탐욕스러운지 알게 됩니다.

10. 우리가 상실과 마땅히 져야 할 십자가, 세상에서 사람에게 받은 상처 때문에 지나치게 낙심하거나 참을성 없이 행하는 것입니다.

11. 세상 일이 우리가 싸우고자 하는 데, 우리 평안을 깨뜨리는 데 충분한 이유로 작용하는 것입니다. 그리고 우리 권리를 위해 법정 싸움으로 가는 것입니다. 그것을 통해 얻는 것이라고는 형제의 영혼에 더 큰 상처를 입히고 우리 경건이나 하나님의 영광에 더 큰 해를 입히는 것일 뿐인데도 말입니다. 탐심은 자신의 권리가 이것들보다 더 중요하다고 여기는 데서 드러납니다.

12. 어려움과 곤경 가운데 있을 때 하나님에 대한 믿음과 천국을 향한 소망[6]에서 위로를 얻기보다 이 세상에서 필요가 채워지고 우리 소망이 성취되는 데서 더 위로를 얻는 것입니다.

---

6) 욥 1:21.

13. 구원을 위한 소망이나 도움보다 육신의 필요를 채워 주는 선물이나 외적 부로 인해 하나님과 사람에게 더 많이 감사하는 것입니다.

14. 우리 영혼이 비참하며 거룩하지 못하고 죄를 용서받지 못한 상황에 있음에도 이 땅에서 풍요로우며 부요하기만 하면 잠잠하고 즐거워하는 것입니다.

15. 자녀들과 친구들에게 천국의 상급보다 세상적 상급을 제공하는 데 더 주의를 기울이는 것입니다. 반면 그들이 거룩하지 않은 것과 죄 가운데 있는 것보다 경제적 궁핍함에 놓인 것에 대해 더 괴로워하는 것입니다.

16. 형제의 필요를 보고서도 우리 안에서 애끓는 가슴을 닫아 버리는 것, 단지 표면적 위로를 주는 것 이상으로 나아가지 않는 것입니다. 그들의 필요를 채우기 위해 우리 자신에게 이로운 것들을 내어 줄 수 없는 것이며, 주더라도 억지로 주며 인색하게 베푸는 것입니다.[7]

---

7) 딤전 6:17, 18; 말 3:8, 9; 삿 7:21(본문 내용과 연관성 찾기 어려우나 원서대로 기재했음을 밝힌다 – 편집자 주).

17. 이득을 얻을 수만 있다면 죄악 된 수단들, 곧 거짓말이든 무리한 말이든 속임수든 과장이든 자신의 양심과 하나님의 명령에 반하는 것들을 서슴지 않고 행하는 것입니다.

18. 타인에게 지나치게 후함을 기대하는 것입니다. 상대방이 줄 수 있는 가격보다 훨씬 더 낮은 가격에 사길 원하면서 우리가 이득을 얻을 수만 있다면 파는 사람의 손해나 필요에 대해서는 전혀 고려하지 않는 것입니다. 그리고 자신에게 후하게 대해 주지 않으면 그들이 다른 사람에게 후하게 대하는 것을 기뻐하지 않는 것에서도 드러납니다.[8]

19. 세상의 부를 추구하기 위하여 지나치게 많은 것을 떠맡으며 높은 지위에 오르고자 악착같이 애쓰고 높은 사람에게 아부하며 우리보다 다른 사람을 더 좋아하거나 우리가 원하던 것을 얻는 것을 보면 시기하면서 야단법석을 떠는 것입니다.

20. 우리의 거룩함보다 돈을 더 꽉 움켜쥘 때 드러납니다.

---

[8] 알렉산드로스(Alexandros)가 포키온(Phocion)에게 천 달란트를 보냈을 때, 포기온은 물었습니다. "어째서 다른 아테네 사람들이 아닌 자신에게 그 많은 돈을 보냈습니까?" 알렉산드로스는 이렇게 대답했습니다. "그대가 아테네에서 유일하게 정직한 사람이라고 생각하기 때문이오." 그렇지만 포키온은 계속 정직하게 남게 해 달라고 간청하며 그 돈을 다시 돌려보냈습니다.

그리스도께서 요구하실 때 그 돈과 떨어질 수 없어 하는 것입니다. 도리어 우리 양심을 남용하여 그리스도에 반해 죄를 짓거나 우리가 가진 것을 지키기 위해 그분의 요구를 무시합니다. 또는 교회와 국가를 섬길 것을 요구 받을 때 그 돈을 내어놓지 못하는 모습을 보입니다.

21. 우리가 가진 부를 우리 육신을 애지중지하고 후손들에게 남겨 주는 데만 사용하고, 하나님과 그의 종들을 위해서는, 하나님의 일을 더 할 수 있게 하는 것과 하늘에 보화를 쌓는 것을 위해서는 하찮은 부스러기에 불과한 수준만 내어놓는 데서 드러납니다.

이것들이 세상을 사랑하는 비열한 탐심의 징표들입니다.

자신이 탐욕스럽지 않다는 착각과 자기기만

V. 이 세상 사람들을 마치 탐심에서 자유로운 것처럼 속이는 것들에는 다음과 같은 것들이 있습니다.

1. 가장 필수적인 것들만 가지고 가능한 한 많은 일을 하고 있기에 자신을 탐욕스럽지 않다고 생각합니다. 빚을 지고 있거나 가난하며 겨우겨우 살아갈 정도만 가지고 있을 뿐이라는 것입니다.

가난한 사람은 부요한 자들이나 탐욕스러우며 세상에 속한 사람이라고 생각합니다. 그러나 사람은 자신에게 결핍된 부를 사랑할 수 있습니다. 그것을 가진 자들과 마찬가지로 말입니다.

만약 당신이 부르심 가운데 일하는 당위가 있다면 이 세상을 사랑할 수 없거나 지나치게 신경 쓰지 않을 것입니다. 그리고 현재 위치에 불만이 있지도 않을 것입니다. 현재 처해 있는 가난함을 참을 수 없어 하는 것 자체가 세상과 육신을 향한 사랑을 보여줍니다. 부를 가진 사람의 허영이 보여주는 것과 다를 바 없습니다.

2. 또 어떤 사람들은 음식이나 의복 같은 필수품과 편의품들을 자신과 가족을 위해 가질 수만 있다면 만족할 것이라고 생각하는 것으로 자신은 세상에 속하지 않았다고 여깁니다. 자

기가 대단한 것이나 부자가 되기를 원하는 것이 아니라고 여기는 것입니다.[9]

하지만 만약 당신의 마음이 그 필수적인 것들이나 작은 것들을 얻고자 하는데 맞추어져 있다면, 죽음을 준비하고 하늘 보화를 확고히 하는 것보다 더 그렇다면, 당신은 여전히 비참하게도 세상을 사랑하고 있는 것입니다.

하늘보다 자신의 가난함과 비참한 삶에 자신의 마음을 더 많이 들이는 가난한 사람은 하늘보다 자신의 권력과 영예에 더 많은 마음을 들이는 사람보다 변명할 수 있는 말이 없습니다. 물론 둘 다 세상의 노예이며, 마태복음 6장 19-21절 말씀과 같이 하늘에 보화를 쌓아 두지 못한 사람입니다.

더 나아가 아주 조금 더 가지고자 하는 탐심 가운데 있는 당신은 그것을 가지고 나면 다시 조금 더 가지고자 할 것입니다. 그것을 가지게 되더라도 여전히 더 원할 것입니다. 더 좋은 옷을 입고 더 높은 삯을 받으면, 그 다음에는 집을 고치고

---

[9] 디오게네스 라에르티오스(Diogenes Laertios)가 킬론에 관해 쓴 글에 따르면, 킬론(Chilon)의 격언에 이런 것이 있습니다. "시금석이 금을 감정하듯이 금은 사람의 마음이 선한지 악한지 감정한다."

이어서 땅을 넓히고자 할 것입니다. 그러고 나면 자녀들을 위하여 더 많은 것을 가지고자 할 테고, 결코 만족할 수 없을 것입니다.

지금은 다르게 생각할 수 있습니다. 하지만 당신의 마음이 당신을 속이고 있는 것입니다. 당신은 자신의 마음을 잘 모릅니다. 제 말을 믿든지 말든지 다른 사람들을 살핀 결과를 보면, 당신에 대해서도 자신 있게 말할 수 있습니다. 딱 이 정도만, 이만큼만 있으면 만족할 것이라고 했지만 그것을 가졌을 때 결국 그들은 더 원하였습니다.

이런 속임수, 곧 당신의 자기기만은 거의 모든 탐심이 가장 일반적으로 취하는 속임수입니다.

군주와 영주들도 필수적인 것밖에 가진 게 없다고 생각하는 것을 생각해 보십시오. 그들은 더 가졌을 때 여전히 더 많은 것을 원합니다. 가난한 사람들이 가지기 갈구하는 것만큼 원합니다. 문제는 당신이 얼마나 큰 것을 원하느냐가 아닙니다. 어떤 이유로, 어떤 목적으로, 그리고 어떤 우선순위에 따라 원하느냐가 관건입니다.

3. 또 자신이 이웃의 것을 탐한 적이 없기 때문에 자신은 탐욕스럽지 않다고 말합니다. 그는 탐심이란 자기 것이 아닌 것을 탐하는 것에 국한된다고 생각하는 것입니다.

하지만 당신이 세상을 사랑하고 과도하게 세상적이라면, 더 많은 것을 탐하고 있다면, 당신은 세상에 속한 탐욕스러운 사람입니다. 다른 사람의 것을 탐한 것이 아니라 할지라도 말입니다. 이것은 다름 아닌 세상적인 생각이며 세상적인 사랑입니다. 그리고 그 뿌리는 죄입니다. 겉으로 드러나는 것은 단지 거기서 자란 가지들일 뿐입니다.

4. 또는 자신이 불법적인 방법을 취하지 않고 오직 부르심 받은 바에 충실히 노력함으로 부를 얻었기 때문에 세상에 속하지 않았다고 생각하기도 합니다.

동일한 답이 여기에도 적용됩니다. 육신을 만족시키기 위해 부를 사랑하는 것 자체가 불법적인 것입니다. 그 수단이 무엇이었든 말입니다. 자주 그러듯이 하나님과 자신의 영혼, 그리고 가난한 자들을 무시하며 세상을 향한 다른 의무들을 등한시하는 것이 과연 불법이 아닐까요?

5. 또 어떤 사람은 자신이 가진 것에 만족해하며 더 얻기를 탐하지 않기 때문에 자신은 세상에 속한 사람이 아니라고 생각합니다. 자신의 육신적인 욕망을 만족시킬 만큼 잔뜩 가지고 있으면서 말입니다.

하지만 만약 당신이 세상을 지나치게 사랑하며 하나님보다 세상을 더 기뻐한다면 당신은 세상에 속한 사람입니다. 더 많이 원하지 않더라도 말입니다. 이 사람은 그리스도께서 누가복음 12장 19, 20절에서 말씀하신 비참하고 세상에 속한 어리석은 사람입니다. "또 내가 내 영혼에게 이르되 영혼아 여러 해 쓸 물건을 많이 쌓아 두었으니 평안히 쉬고 먹고 마시고 즐거워하자 하리라 하되 하나님은 이르시되 어리석은 자여 오늘 밤에 네 영혼을 도로 찾으리니 그러면 네 준비한 것이 누구의 것이 되겠느냐 하셨으니." 자신이 이미 가진 것도 지나치게 사랑한다면 그것은 세상을 사랑하는 것이며 더 많은 것을 원하는 것입니다.

6. 어떤 사람은 하나님께 자신이 가진 것으로 인해 감사드리고 있고 기도로 그것들을 구해서 얻은 것이기 때문에 자신

은 세상에 속하지 않았다고 말합니다.

그러나 만약 그가 세상을 사랑하는 사람이며 육신의 욕구만을 채우고자 한다면 하나님을 자신의 육신적 욕망을 채우기 위해 구하는 것이며 자신의 죄악 된 욕구를 만족시키고자 하나님께 감사하는 것이기에 자신의 죄를 더 악화시키는 것에 불과합니다.

그의 기도와 감사는 하나님을 모독하는 것이며 육신적인 것입니다. 그 기도는 하나님을 섬기는 것이 아니라 자신의 육신을 섬기는 것입니다. 마치 술주정뱅이나 식탐하는 자가 하나님께 자신의 탐심 가득한 목구멍을 위해 구하고 구한 것을 얻었을 때 감사하는 것과 마찬가지입니다. 또는 음행하는 자가 하나님께 자신의 음욕을 위한 만남을 알선해 달라고 기도하고 얻게 되면 감사하는 것과 같은 것입니다. 아니면 요란하게 옷을 입는 자가 좋은 옷과 장신구를 자신의 기도 제목과 감사의 제목으로 삼는 것과 마찬가지입니다.

7. 또 어떤 사람은 자신은 항상 하늘을 생각하며 더 이상 세상에 살 수 없을 때 정죄당할 것을 꺼려 하여 항상 기도하고

심지어 바리새인들처럼 일주일에 두 번씩 금식하기도 하고 구제에 힘쓰며 십일조를 내고 다른 사람에게 잘못 행하지 않으려 노력하기 때문에 세상에 속한 사람이 아니라고 말할지 모릅니다.[10] 하지만 바리새인들은 이 모든 것을 행했는데도 불구하고 누가복음 16장 14절에서 탐욕스러운 자들이라는 평가를 받았습니다.

문제는 당신이 하늘에 대해 생각하고 하늘을 위해 무언가를 행했느냐 하는 것이 아닙니다. 당신이 먼저 구하는 것과 모든 것의 목적으로 삼는 것이 하늘이든 땅이든 그 모든 것들이 무엇을 가리키고 있느냐는 것이 문제입니다.

세상에 속한 사람들도 자신이 반드시 죽을 것을 알고 있고, 끝에는 지옥보다는 천국에 있기를 원합니다. 하지만 과연 당신은 어디에 보화를 쌓아 두고 있습니까? 이 땅입니까, 하늘입니까?(골 3:1-3; 마 6:20, 21)

문제는 자신의 양심을 속이기 위해 때때로 얼마나 많은 액수

---

10) 눅 18:11-13; 마 6:16, 18.

를 기부했느냐가 아닙니다. 육신이 누릴 수 있기에 너무 많은 양을 베푸는 것도 아닙니다. 그것은 마치 돼지가 더 먹을 수 없는 데도 계속 먹는 것과도 같습니다.

도리어 헌신한 그 모든 것이 하나님의 뜻에 따르는 것이었는지, 그분을 향한 섬김과 당신의 영혼의 구원을 위해 복종한 것인지가 문제입니다. 누가복음 14장 33절 말씀과 같이 그리스도를 버리기보다 그것들을 버리기를 선택할 수 있는지가 더 중요합니다.

8. "누구든지 자기 친족 특히 자기 가족을 돌보지 아니하면 믿음을 배반한 자요 불신자보다 더 악한 자니라"(딤전 5:8)라는 말씀에 따라 단지 자녀들을 위해 남기는 것이기 때문에 자신은 탐욕스러운 것이 아니라고 생각하는 사람도 있습니다.

하지만 말씀은 가족과 친지를 교회에 위탁하지 않기 위한 필수적인 것들을 공급할 것을 말하고 있는 것입니다. 만약 당신이 세상의 가치를 너무나 크게 평가하여 자녀들의 행복을 그들이 부해지는 것이라고 여긴다면 당신은 여전히 세상에 속한 사람이며 탐심을 가진 것입니다. 자기 자신을 위해서도 그들을 위해서도 그렇습니다.

부자들이 자녀들을 위해 대비하면 그 자녀들은 아마 부요하게 살 수 있을 것입니다. 하지만 이러한 노력은 그들을 더 세상에 속한 자로 만들 뿐입니다. 그들은 자기 자신뿐 아니라 죽고 난 후세를 위해서도 탐욕스럽기 때문입니다.

9. 또 어떤 이들은 자신이 다른 이들보다 탐심에 대해 더 진지하고 심각하게 생각하기 때문에 자신은 세상에 속한 사람이 아니라고 생각합니다.

그러나 다른 이들의 탐심과 자기의 탐심을 비교하는 그는 탐욕스러운 사람입니다. 그렇습니다. 탐욕스러운 사람은 다른 이들의 탐심을 정죄합니다. 비싸게 팔고 싸게 사면서도 지나치게 적게 베푼다고 비난합니다. 그렇게 해서 자신을 위해 더 번다고 말입니다. 그런데 많은 설교자들이 자신이 읽은 것과 아는 것으로 세상 사랑하는 것을 그만두라고 열정적으로 설교하지만 정작 자신은 세상을 사랑함으로 지옥에 떨어집니다. 말뿐인 것입니다.

10. 또 어떤 이들은 죽음이 닥치면 많은 것을 기부할 생각

이기에 자신이 탐욕스럽지 않다고 판단합니다.

많이 내어놓는 것은 좋은 것이라고 인정합니다. 저도 더 많이 주기를 원합니다. 그러나 자신이 무덤 아래 누이게 될 것을 예상한다면 육신적인 사람도 그렇게 할 수 있습니다. 죽음 후에도 그 부를 가지고 즐길 수 있다면 그들은 의심의 여지없이 그렇게 할 것입니다.

더 이상 가질 수 없기 때문에 내어놓는 것은 감사할 만한 일이 아닙니다. 식탐하는 자, 술주정뱅이와 호색가, 그리고 교만한 자는 자신의 즐거움을 무덤에 같이 묻습니다.

그런데 당신은 과연 부를 가지고 있는 동안에 그것을 가지고 하나님을 섬겼습니까 아니면 육신을 섬겼습니까? 당신의 구원에 유익이 되는 방향으로 썼습니까 아니면 저해하도록 사용하였습니까?

스스로를 속이지 마십시오. 하나님께서는 업신여김을 받지 않으십니다(갈 6:7).

탐욕스럽다고 잘못 정죄하는 경우

VI. 그럼에도 다음과 같은 이유들 때문에 탐심을 가졌다고 잘못 정죄되는 사람들도 많습니다.

1. 많은 것을 가졌고 부하기 때문입니다. 가난한 사람은 부한 사람들이 부하기 때문에 세상에 속했다고 여기기도 합니다.

그러나 하나님께서는 모든 사람에게 동일하게 주시는 것은 아닙니다. 하나님께서는 한 하인의 손에는 열 달란트를 쥐어 주시지만 다른 하인에게는 한 달란트만 주시기도 합니다. 그리고 많은 것을 맡기신 이들에게는 더 많은 것을 요구하십니다.[11] 그러므로 다른 이들보다 더 많은 것을 위임받은 것 자체가 죄는 아닙니다. 주인의 신뢰를 저버리지 않는다면 말입니다.

2. 또 어떤 사람들은 자신이 대하고 있는 사람들의 탐심을 만족시키지 않아서, 곧 지나치게 큰 기대를 받는 바람에 탐욕스럽다고 정죄당합니다. 내어놓는 것이 의무가 아니라 죄가

---

[11] 눅 12:48; 16:9, 10; 고후 8:14, 15.

되기 때문에 내어놓지 않은 것을 탐욕스러워서 그런 것이라고 비난받습니다. 그래서 구매자는 판매자가 탐욕스럽다고 하고 판매자는 구매자가 탐욕스럽다고 합니다. 왜냐하면 상대방이 자신의 탐욕에 원하는 답을 해주지 않기 때문입니다.

일하지 않는 거지는 당신이 충분히 자선을 베풀지 않는다고 정죄할 것입니다. 자신이 일을 하지 않는 죄악 된 상태를 유지하게 도와주지 않는다는 이유로 말입니다. 교만한 자는 당신을 보며 자기 교만을 유지시켜 주기를 바랄 것입니다. 술주정뱅이, 방탕한 자들과 노름꾼들은 자신들이 계속 죄를 지을 수 있도록 부모가 도와주기를 원할 것입니다.

이 땅에 그가 가진 것을 탐하는 또 다른 한 존재가 있는 한 무엇이라도 가진 사람이라면 탐욕스럽다는 비난을 피해 갈 수 없습니다. 자기 사랑에게 법은 없습니다. 오직 욕망만이 자기 사랑의 법입니다.

3. 또 어떤 이들은 그들이 마땅히 내어놓을 것을 내어놓지 않았다고 탐욕스럽다는 판단을 받습니다. 다른 사람의 상황을 알지 못하는 이들은 어림짐작으로 판단합니다. 그들의 멋

있고 품위 있는 옷가지나 품행, 또는 사회적 명예 등을 보고 자신보다 부유할 것이라고 판단하고는 그들이 탐욕스럽다고 치부합니다. 그렇게 부요하면서 기대에 부응하지 못한다고 하면서 말입니다.

4. 어떤 사람들은 소명에 충실하며 근검절약하고 어떤 손해도 보고 싶어 하지 않는 모습 때문에 탐욕스럽다는 평가를 받습니다. 그러나 이는 그의 의무입니다. 만약 그가 군주나 영주라면 근면하지 않으며 사치스러운 것은 그들에게 죄가 될 것입니다.

하나님께서는 모든 사람들에게 여러 가지 감당할 수 있는 부르심에 따라 일하도록 하셨습니다. 그리고 그리스도께서는 수천 명을 이적으로 먹이시면서 "남은 조각을 거두고 버리는 것이 없게 하라."라고 하셨습니다.

문제는 그렇게 열심히 일한 결과를 어떻게 사용하고 어떻게 남기느냐 하는 것입니다. 만약 그들이 하나님을 위해 사용하고 베풀기 위해 사용했다면 사람이 취할 수 있는 그보다 더 나은 용처가 없을 것입니다. 그는 선을 행하기 위해 근면하고 절약하였던 것이니 하나님 앞에서 최고의 종일 것입니다.

5. 또 어떤 사람들은 위선을 피하기 위해 은밀히 베풀며 자신의 자선 활동을 다른 사람들에게 알리지 않기 때문에 탐욕스럽다는 평가를 받곤 합니다. 그들은 하나님께 마땅한 상을 받을 것입니다. 그리고 하나님의 진노는 섣불리 그들을 판단한 사람들에게 돌아갈 것입니다.

6. 어떤 사람들은 평화로우면서도 합법적으로 자신의 권리를 주장한다고, 불의한 자들과 탐욕스러운 자들이 마음대로 그들을 부당하게 대하지 못하도록 한다고 탐욕스럽다는 평가를 받습니다.

사실입니다. 우리는 우리 권리를 포기할 수 있어야 합니다. 권리를 주장할 때 우리에게 유익을 끼치는 것보다 다른 이들에게 해를 입히는 게 더 크다면 그 권리를 포기해야 합니다.

그러나 법이 허투루 제정된 것은 아닙니다. 또한 원하는 대로 해도 된다고 함으로 사람들의 탐심, 도둑질, 사기 등을 조장해서도 안 됩니다. 뿐만 아니라 우리 주인이 주신 달란트를 부주의하게 사용해서도 안 될 것입니다.

하나님께서 우리에게 그것들을 맡겨 주셨다면, 우리는 그것을 취하여 자기 욕망을 채우려는 이들에게 넘겨주어서는 안 될 것입니다.

Directions against Covetousness,
or Love of Riches, and against Worldly Cares

제 2 부

탐심에 어떻게 맞서야 하는가?

오, 눈먼 죽을 자들이여! 이 땅에 거하고자 하는, 마치 지렁이와도 같은 그 사랑이여!
하나님께서 다름 아닌 믿음의 눈을 주셔서 여러분의 끝을 보게 하시고
온 영원 동안 어디에 거할지를 보게 하시고
이 땅에서 가지는 생각이 어떤 변화를 가져올지를 보게 하시기를!

"돈을 사랑하지 말고 있는 바를 족한 줄로 알라
그가 친히 말씀하시기를 내가 결코 너희를 버리지 아니하고
너희를 떠나지 아니하리라 하셨느니라" 히브리서 13:5

가르침 2   하늘의 위대함을 생각하라

      영원의 상태를 심각하게 생각하십시오. 그리고 이 땅의 부보다 얼마나 위대한 것들이 있는지를 생각하십시오. 하나님과 함께하게 될 때 누리는 끝없는 기쁨을 믿음의 눈으로 보십시오. 그리고 세상에 속한 사람들이 반드시 떨어지게 될 지옥의 끝없는 비참함도 보십시오.

  염두에 두어야 할 훨씬 더 큰 문제를 보여주는 것 외에는 이 땅에 속한 마음을 참으로 고칠 수 있는 약은 없습니다. 그것이 얼마나 중요한 것인지를 더 잘 이해해야 합니다. 우리가 피해야 하는 그 비참함이 궁핍과 빈곤보다 얼마나 더 큰 것인지 알아야 합니다. 우리가 구해야 하는 그 선이 이 세상의 부요함보다 얼마나 더 선한 것인지 알아야 합니다.

사람을 세상에 속한 자로 만드는 것은 믿음의 결핍입니다. 이들은 다른 세계를 보지 못합니다. 신조를 외지만 심판 날, 육신의 부활, 그리고 영원히 사는 것을 진심으로 믿지는 않습니다. 실제로 그런 사람은 없겠으나 만약 누군가 천국과 지옥을 딱 한 번이라도 보았다면 이전보다 이 세상을 대수롭지 않게 여길 것입니다. 그리고 탐욕을 위해 쓰던 신경과 노력을 황급히 방향을 바꾸어 성실하게 자신의 구원을 위해 쏟아붓게 될 것입니다. 만약 그가 성도들의 기쁨 넘치는 찬양소리를 들었다면, 그리고 심판 받는 이들의 진노로 슬퍼하는 부르짖음을 하루나 한 시간이라도 들었다면, 그 후로는 돈을 긁어모아 쌓아 두는 것보다 훨씬 더 중대한 일이 있다고 생각하게 될 겁니다.

여러분, 기억하십시오. 우리에게는 장차 살게 될 다른 세계가 있습니다. 지금부터 준비해야 하는 훨씬 더 긴 삶이 있습니다. 그곳이 천국이든 지옥이든, 우리는 반드시 그 세계에 거하게 될 것입니다. 여러분이 믿든지 말든지 이는 사실입니다. 이를 위해 준비할 시간은 지금 말고는 없습니다. 그리고 여러분이 믿는 것처럼, 사는 것처럼, 그리고 지금 일하는 것처럼, 그것은 영원토록 여러분과 함께 죽 이어질 것입니다. 여러분이 유념할 가치가 있는 문제입니다.

이 먼지 같은 곳에서 이와 같이 소란을 피울 시간은 있으면서, 아무것도 아닌 것들을 신경 쓰고 애쓸 시간은 있으면서, 참으로 신경 써야 하는 일, 초월적 결과를 가져올 일을 위해 쓸 시간은 없습니까? 천국과 지옥이 어떤지 아는 사람이 하찮은 일들을 위해 여지를 만들고 그토록 불필요한 일들을 위해 시간을 드릴 수 있단 말인가요?

여러분의 구원을 위해 모든 것을 공급하시는 것은 하나님께서 자신의 일로 삼으신 것입니다. 이것은 육신을 위한 공급보다 더 중대한 것입니다. 하나님께서 당신의 몸에 관해서 이렇게 말씀하십니다. "그러므로 내가 너희에게 이르노니 목숨을 위하여 무엇을 먹을까 무엇을 마실까 몸을 위하여 무엇을 입을까 염려하지 말라 목숨이 음식보다 중하지 아니하며 몸이 의복보다 중하지 아니하냐…너희 하늘 아버지께서 이 모든 것이 너희에게 있어야 할 줄을 아시느니라"(마 6:25, 32). "아무것도 염려하지 말고…"(빌 4:6). "너희 염려를 다 주께 맡기라 이는 그가 너희를 돌보심이라(벧전 5:7)."

그렇지만 여러분의 구원에 관해서는 다음과 같이 말씀하십니다. "…항상 복종하여 두렵고 떨림으로 너희 구원을 이루라"(빌 2:12), "…더욱 힘써 너희 부르심과 택하심을 굳게 하라…"(벧후 1:10), "좁은 문으로 들어가기를 힘쓰라…"(눅 13:24; 마 7:13), "썩을 양식을 위하여 일하지 말고 영생하도록 있는 양식을 위하여 하라…"(요 6:27). "그런즉 너희는 먼저 그의 나라와 그의 의를 구하라 그리하면 이 모든 것을 너희에게 더하시리라(마 6:33).

여러분, 천국을 바라보십시오. 그리고 여러분의 집이 거기 있음을 기억하십시오. 거기에 여러분의 소망이 있음을 기억하십시오. 그렇지 않다면 여러분은 영원히 멸망할 자들입니다. 그리고 그렇기 때문에 여러분은 이 일을 유념해야 하며 이 일을 위해 애써야 합니다.

여러분이 영원히 천국 아니면 지옥에 있으리라는 사실을 진심으로 믿으십시오. 이곳에서 그곳을 위해 준비해야 함을, 그리고 그렇게 하지 못했을 때 세상에 속한 탐욕의 사람이 될 수밖에 없다는 사실을 진심으로 믿으십시오.

자신의 영원의 상태를 믿고 숙고한다면, 부 따위는 먼지와 바람에 나는 겨와 같이 보일 것입니다. 여러분의 가게 문과 방문에 써 두십시오. "나는 반드시 영원한 천국 아니면 영원한 지옥에 거할 것이다." 또는 "지금 이 순간, 내 영원한 삶이 결정된다."라고 말입니다. 읽을 때마다 생각하게 될 테고 여러분은 탐심의 심장에 비수를 꽂은 것처럼 느낄 것입니다.

오, 눈먼 죽을 자들이여! 이 땅에 거하고자 하는, 마치 지렁이와도 같은 그 사랑이여! 하나님께서 다름 아닌 믿음의 눈을 주셔서 여러분의 끝을 보게 하시고 온 영원 동안 어디에 거할지를 보게 하시고 이 땅에서 가지는 생각이 어떤 변화를 가져올지를 보게 하시기를!

믿음이나 지각이 여러분을 인도할 것입니다. 믿음에 의해 거룩하게 된 지성만이 지각을 관장할 수 있습니다. 스스로가 짐승이 아님을, 이 생만 살고 끝나는 존재가 아님을 기억하십시오. 여러분에게는 이성을 지닌 영원한 영혼이 있습니다. 더 고귀한 일들을 위해 하나님께서 창조하신 것입니다. 바로 하나님 자신을 위해, 그분을 사랑하며 영광을 돌리고 그분을 섬기며 기뻐하도록 창조하셨습니다.

만약 천사가 잠시라도 육신에 거하게 된다면 과연 그는 영광을 위해 살던 그 고귀한 생을 잊어버리고 지렁이가 되어야 할까요? 여러분은 육신을 입은 천사들과도 같은 자들입니다. 그리고 누가복음 20장 36절의 말씀과 같이 이 죄악 된 육신에서 자유롭게 될 때에 천사와 같아지기를 바랍니다.

오, 하나님께 천국의 빛을 위해 기도합시다. 그리고 천국에 속한 생각을 위해서 기도합시다. 항상 하나님의 말씀을 살핍시다. 성경은 우리가 영원히 어디에 거하게 될지 알려 주며 세상에 속한 이들은 수치 가운데 멸망하리라고 말합니다.

가르침 3   생이 짧음을 기억하라

        당신이 얻은 부를 유지하고 누리는 시간이 얼마나 짧은지, 그 모든 것이 얼마나 순식간에 발가벗겨지는지를 기억하십시오! 가지면 그것을 지킬 수 있습니까?[12] 당신의 영혼은 부르러 오지 말라고 죽음과 계약이라도 맺었습니까?

  여러분의 인생이 얼마나 짧은지 아십시오. 이 세상은 단지 여러분의 여관이나 객선에 불과하다는 것을 아십시오. 여러분의 육신이 썩어 갈 그 좁은 무덤에 여러분의 그 많은 부를 모

---

12) 고전 7:31.

두 담을 수 없으니 하나님께 순종함으로 하늘에 쌓아 두어야 함을 아십시오!

얼마나 짧은 인생인지요! 얼마나 순식간에 지나가는지요! 여러분은 이미 죽은 것과도 같을 정도입니다! 며칠 아니면 몇 년이나 더 남았겠습니까? 그런데도 이 짧은 생을 위해 그 수많은 일들을 하겠습니까? 이 짧은 체류 기간 동안 그토록 신경 써서 쌓아 두겠습니까? 아, 여러분에게 남은 시간이 얼마나 불확실하며 얼마나 짧은지요! 여러분은 내일 세상 어디에 있을지도 말할 수 없습니다.

여러분, 기억하십시오! 여러분은 반드시 죽습니다! 여러분은 반드시 죽습니다! 금세 죽을 것입니다! 얼마나 빨리 그 순간이 닥쳐올지 알아채지도 못할 것입니다! 몇 번 더 숨을 쉬고 나면 우리 목숨은 사라질 것입니다! 그럼에도 여러분은 탐심을 부리며 여러분의 영혼을 이 땅의 것들을 신경 쓰는 데 쓰시겠습니까?

여러분을 구원하신 구원자의 경고를 누가복음 12장 19-21절에서 똑똑히 읽을 수 있지 않습니까? "…어리석은 자여 오늘 밤에 네 영혼을 도로 찾으리니 그러면 네 준비한 것이 누구의 것이 되겠느냐 하셨으니 자기를 위하여 재물을 쌓아 두고 하나님께 대하여 부요하지 못한 자가 이와 같으니라."[13] 만약 여러분이 오늘 부하지만 내일 저 세상에 있게 된다면 차라리 가난한 것이 더 낫지 않겠습니까?

눈을 어디 둘지 모르는 영혼이여! 많든 적든 이 잠깐 동안만 가지면서 이때를 그리도 중하게 여기겠습니까? 그러면서 장차 어디에 있게 될지 그리고 온 영원 동안 무엇을 가지게 될지에 대해서는 관심도 주지 않으렵니까?

이 문제는 하나님께 맡겨 버리겠다고 하시겠습니까? 제가 말씀드리겠습니다. 그분은 여러분이 스스로 이 일에 유념하라고 말씀하실 것입니다. 그리고 여러분을 구원하시기 전에도 다시 한 번 유념하게 하실 것입니다.

여러분은 어째서 이 별 것 아닌 일에 대한 관심을 던져 버리지 못합니까? 하나님께서 명하시는데도 말입니다.

---

13) 게하시, 아간, 유다, 아나니아와 삽비라, 데메드리오, 그리고 데마를 기억하십시오. 렘 6:13; 8:10.

여러분이 부하거나 가난한 것이 저 세상으로 일순간에 가 버리는 것보다 더 중요합니까? 그곳에서는 부와 가난함이 전혀 의미가 없을 텐데도 그렇습니까? 말해 보십시오. 내일 당장 (아니면 다음 달이나 내년이라도) 죽게 될 것을 안다면 가난하든 부하든 신경 쓰지 않지 않겠습니까? 그리고 더 중대한 일들을 바라보려고 하지 않을까요?

그때 여러분은 바울 사도의 마음을 가지게 될 것입니다. 바울은 고린도후서 4장 18절에서 이렇게 말합니다. "우리가 주목하는 것은 보이는 것이 아니요 보이지 않는 것이니 보이는 것은 잠깐이요 보이지 않는 것은 영원함이라."

우리 믿음의 눈이 보이지 않는 것, 영원한 것에 고정되어서, 보이고 일시적인 것들을 한 번이라도 바라보는 여유와 마음가짐은 거의 없다시피 해야 합니다. 사형대 올라가기로 되어 있는 사람은 길거리에서 지나치는 상점들에서 이루어지는 장사와 분주함에 눈길을 주지 않을 것입니다. 곧 떠나야 하는데 그 작은 것들에 신경 쓸 겨를이 없을 것이기 때문입니다.

이 세상의 부와 명예는 다음 세상으로 가게 될 우리 영혼과 얼마나 무관한지요! 당장 오늘 밤에 가게 될지도 모릅니다!

   그래도 가능하다면 여러분의 부를 지키십시오. 여러분과 함께 가져가 보십시오.

가르침 4   참으로 필요한 것이
무엇인지를 고려하라

      이 세상은 줄 수 없는, 여러분에게 가장 큰 필요가 무엇인지를 알고자 애쓰십시오. 여러분은 하나님께 죄를 지었습니다. 그리고 여러분은 돈으로 사면장을 살 수 없습니다.[14] 여러분은 율법에 의해 영원한 비참함에 처하도록 정죄되었으며 돈으로 구속을 살 수 없습니다. 여러분은 죄로 죽었으며 오염되었고 육신에 사로잡혔으나 돈은 여러분을 얽매임으로부터 자유롭게 해주기보다 더 단단히 묶이게 할 것입니다.

---

14) 잠 11:4. "재물은 진노하시는 날에 무익하나…."

여러분의 양심은 자발적으로 행한 어리석은 일들과 은혜를 경멸한 것으로 여러분의 가슴을 찢을 준비가 되었지만 돈으로 양심에게 사주하여 잠잠하게 할 수 없습니다. 유다는 받았던 돈을 돌려주고는 스스로 목을 매었습니다. 양심이 딱 한 번 깨었을 때 일어난 일입니다.

돈은 눈먼 마음에 빛을 비추어 주지 못합니다. 강퍅한 마음을 부드럽게 하지도 못하며 교만한 마음을 겸손하게 할 수도 없고 죄책 가운데 있는 영혼을 의롭다 해주지도 못합니다. 돈으로 열을 내릴 수도 없고 결핵을 해결할 수도 없으며 통풍의 통증을 완화시키지도 못하고 결석이나 치통을 낫게 할 수도 없습니다. 무시무시한 죽음을 막을 수도 없으니, 여러분은 온 세상을 소유했더라도 반드시 죽게 될 것입니다.

하나님을 바라보시고 여러분의 모든 것이 그분 손에 있음을 기억하십시오. 과연 그분이 여러분의 부로 인해 여러분을 사랑하시거나 도움의 손길을 내미실까 생각해 보십시오. 심판의 날을 바라보십시오. 과연 돈이 여러분을 구원해 줄 수 있을지, 부자들이 가난한 자들보다 더 평안할지 생각해 보십시오.

가르침 5   부는 죽음 앞에서 무용지물이다

병든 자들, 죽어 가는 자들과 자주 함께 시간을 보내십시오. 그리고 그들의 부가 그들에게 어떤 도움을 줄 수 있는지 주의 깊게 보십시오. 그때 그들이 세상을 어떻게 평가하는지에 주의를 기울이십시오. 그 부가 마지막에는 어떻게 사용되는지도 보십시오. 거기서 여러분은 부가 가장 궁핍하고 가장 고통스러운 때에 모든 사람을 저버린다는 사실을 보게 될 것입니다.[15]

---

15) 렘 17:11; 약 5:1-3

곤경에 처했을 때 사람들은 소망이 있을까 하여 친구와 부와 명예를 찾아 부르짖습니다. "오, 나를 도울 수 있다면 지금 당장 나를 도와주오! 날 위해 무엇이라도 할 수 있다면 제발 나를 이 죽음에서, 하나님의 진노에서 구원해 주오!" 하지만 이 부르짖음은 아무런 소용도 없습니다! 바로 그때, 오, 바로 그때! 한 방울의 자비, 반짝 튀어 오른 불똥 같은 은혜, 티끌처럼 작은 하늘의 소망은 카이사르(Caesar)나 알렉산드로스(Alexandros)의 제국보다 더 가치 있을 것입니다!

죄인들이여, 참으로 그렇지 않습니까? 여러분도 이것이 사실임을 알지 않습니까? 그럼에도 여러분은 여러분의 영혼을 속이고 배반하시렵니까? 지금도 최고인 것이 나중에도 최고가 되지 않을까요? 지금 그토록 작은 가치밖에 없는 것은 그때도 참으로 작지 않을까요?

여러분은 그 때가 되면 사람이 지금보다 더 지혜로우리라고 생각하시나요? 더 이상 여러분에게 유익이 되지 않는 것들을 위해, 한때 가졌으나 더 이상 가질 수 없게 될 그것들을 위해, 정말 그렇게 애쓰고 사랑스러워하시겠습니까? 온 세계가 마지막 때가 되면 돈이 우리를 속였구나 하고 외치지 않겠습니까? 이 땅의 쾌락과 부의 허무함을, 온갖 세상 염려의 해로움을 외치지 않겠습니까?

여러분의 양심이 여러분에게 알려 주지 않나요? 죽을 때가 되어도 지금과 같은 생각을 하게 될까 하고 말입니다. 그런데도 제때에 경고를 받지 않으려 하십니까? 그때가 되면 여러분의 풍요로움과 부요함이 주는 온갖 쾌락과 만족감은 지나갈 것입니다. 다 지나가고 나면 아무것도 아닌 것이 될 것입니다.

여러분은 영원한 화를 얻고 영원한 즐거움을 멀리하는 모험을 하시겠습니까? 오늘은 꿈이자 그림자에 불과하고 내일이 되면 또는 이제 곧 아무것도 아니게 될 것들을 위해서요? 가장 가난한 자가 그때 여러분과 같이 될 것입니다.

끝 날에는 정직한 빈궁이 달콤하겠습니까, 지나친 돈 사랑이 달콤하겠습니까? 여러분은 그때가 되면 얼마나 기뻐할 수 있을 것 같습니까? 여러분의 그 부요함이 없었으나 그래서 어쩌면 죄와 죄책이 없다면, 가장 가난한 성도로 죽음을 맞이하더라도 얼마나 기쁘겠습니까! 빈궁과 부 중 어떤 것이 사람이 더 죽고 싶지 않게 만들 것이라고 생각하십니까? 아니면, 어떤 것이 죽어 가는 사람의 양심을 더 불안하게 만들리라 생각하십니까?

오, 마지막을 보십시오. 그리고 죽는 것처럼 살아가십시오. 여러분의 모든 인생 경험이 여러분을 더 지혜롭게 했다면 마지막 때에 남겨 둘 것이라 생각하는 것들을 가장 귀하게 여기고 지금 그것을 구하십시오!

가르침 6 부의 위험성을 경계하라

　　　　　　부가 우리를 구원받기 더 어렵게 한다는 사실을 기억하십시오. 세상을 사랑하는 것은 사람이 정죄에 이르는 가장 보편적인 이유입니다. 이는 참으로 사실입니다.

　가난함에도 온갖 유혹들이 있습니다. 가난한 자들이 수적으로 부한 자들보다 훨씬 더 많기도 합니다. 가난한 자들이라도 한 번도 가진 적이 없는 부와 풍요로움을 사랑하여 멸망할 수 있습니다. 그들은 세상에서 한 번도 풍요하게 산 적이 없음에도 세상을 지나치게 사랑함으로 망하는 것입니다.

　여러분이 그리스도를 믿으신다면 이 점은 논의할 필요도 없습니다. 예수님께서 누가복음 18장 24-27절에서 이렇게 말씀하셨기 때문입니다. "…재물이 있는 자는 하나님의 나라에 들어가기가 얼마나 어려운지 낙타가 바늘귀로 들어가는 것이 부자가 하나님의 나라에 들어가는 것보다 쉬우니라 하시니 듣는 자들이 이르되 그런즉 누가 구원을 얻을 수 있나이까 이르시되 무릇 사람이 할 수 없는 것을 하나님은 하실 수 있느니라." 누가복음 6장 24, 25절도 마찬가지입니다. "그러나 화 있을진저 너희 부요한 자여 너희는 너희의 위로를 이미 받았도다 화 있을진저 너희 지금 배부른 자여 너희는 주리리로다…."

이 말씀과 또 다른 유사한 말씀들도 모아 그 의미를 이해하십시오. 그러면 다름이 아니라 부는 천국으로 가는 길을 더 어렵게 하며 부자의 구원은 다른 이들의 구원보다 어렵고 희소하다는 것을 알게 될 것입니다. 바울도 고린도전서 1장 26절에서 이렇게 말합니다. "…육체를 따라 지혜로운 자가 많지 아니하며 능한 자가 많지 아니하며 문벌 좋은 자가 많지 아니하도다." 부를 사랑하는 이들은 자신이 가난할지라도 디모데전서 6장 10절을 기억해야 합니다. "돈을 사랑함이 일만 악의 뿌리가 되나니…." 그리고 요한일서 2장 15절을 기억해야 합니다. "이 세상이나 세상에 있는 것들을 사랑하지 말라 누구든지 세상을 사랑하면 아버지의 사랑이 그 안에 있지 아니하니."

여기에 여러분의 영혼의 위험이 도사리고 있음을 믿으십니까? 그럼에도 여러분은 그토록 부를 사랑하고 선택하고 구하시겠습니까? 자신의 구원을 더 어렵게 만들고 더 불확실하게 만들고 심지어 불가능하게 만들겠습니까?

여러분이 삶을 택한다면, 젊어서 죽는 사람이 적은 곳을 택하시겠습니까, 젊어서 죽는 사람이 아주 많은 곳을 택하시겠습니까? 질병이 거의 없는 곳을 택하시겠습니까, 질병이 흔한 곳을 선택하시겠습니까?

만약 여러분이 병들었다면, 여러분은 소수가 아니라 대다수의 사람들을 낫게 해주는 의사와 약사, 그리고 식단을 원할 것입니다. 만약 나라가 도적 떼에게 습격을 당했다면, 여러분은 소수가 도망가는 곳보다는 많은 이들이 탈출하는 길을 따라가기를 바랄 것입니다.

그럼에도 불구하고 당신은 육체를 기쁘게 함으로 천국의 길을 추구하고자 합니다. 소수가 도망가는 곳인데도 말입니다. 그런 삶을 선택하는 것은 여러분의 구원을 가장 어렵고 불확실하게 만들 것입니다. 여러분의 양심이 과연 그것이 지혜로운 선택인지 묻지 않던가요?

하나님께서 부를 여러분의 손에 쥐어 주셨다면, 태어날 때부터 또는 여러분의 성실한 노동에 대한 복으로 주셨다면, 여러분은 주인이 주신 달란트를 없애 버려서는 안 됩니다. 그분은 근검하신 분이십니다. 그것들을 거룩의 진전을 위해 사용함으로 여러분은 하나님을 섬기는 것과 여러분의 구원을 더 깊이 할 수 있을 것입니다. 그러나 이것이 부를 지나치게 사랑하거나 위험할 정도로 구하고 욕망하는 이유가 될 수는 없습니다. 가슴 깊이 그리스도를 믿으십시오. 그것이 여러분의 돈을 향한 사랑을 꺼지게 할 것입니다.

가르침 7   더 많이 가질수록
더 많은 책임을 져야 한다

　　　　더 많이 가질수록 더 많이 책임이 있음을 기억하십시오. 심판의 날이 두렵다면 책임을 가중시킴으로 그 두려움을 더 크게 만들 필요는 없습니다.

만약 여러분이 주님을 섬기기 위해 부를 구했으며 실제로 그렇게 사용했다면, 그리고 부질없는 육신의 쾌락과 교만을 위해 쓰지 않고 자신과 가족과 또 다른 사람들이 하나님의 일에 이바지하는 데 사용하는 책임을 다했다면, 그리고 최선을 다해 하나님의 뜻과 그분이 사용하고자 하시는 곳에 썼다면, 여러분은 선하고 신실한 종으로 상을 기대해도 좋을 것입니다.

그러나 만약 여러분이 살아생전에 자신의 쾌락과 교만을 위해 추구하고 사용했다면, 여러분이 죽은 후 남을 후손과 친척을 위해 모으면서 하나님을 위해서는 하찮은 부스러기만 떨어뜨렸다면, 여러분은 재물은 유익이 없는 주인임을 깨닫게 될 것입니다. 경건과 자족이 더 큰 유익이었음을 깨닫게 될 것입니다.[16]

---

16) 잠 3:14; 딤전 6:5, 6.

가르침 8 치러야 할 대가를 생각하라

돈을 사랑하는 것이 어떻게 사람의 구원을 막으며 그들이 처한 위험과 책임을 증가시키는지, 그 대가를 기억하십시오. 이 세상을 사랑하는 사람들은 얼마나 소중한 시간을 세상 위에 허비하고 있습니까! 지혜와 은혜를 더 구하는 데 사용할 수 있고, 자신이 부르심과 선택을 받았다는 사실을 확고히 하는 데 사용할 수 있는데 말입니다! 솔로몬이 잠언 3장 14절에서 말했듯이 거룩한 지혜를 얻는 것이 금을 얻는 것보다 훨씬 낫다고 믿는다면, 여러분은 많은 시간을 들여 성경을 이해하고 영원을 위해 준비해야 할 것입니다.

얼마나 많은 생각들을 부질없이 세상 위에 허비하고 있습니까! 더 중요한 문제에 써야 할 텐데 말입니다! 얼마나 많은 염려와 고민과 열정을 대가로 지불하여 이 세상의 보상으로 스스로를 가득 채우고자 하고 있습니까! 하루 여행을 준비한답시고 고기와 옷가지들과 돈을 지고 갈 수 있는 것보다 훨씬 더 많이 챙기기 위해 하루를 허비하는 어리석은 여행자와 같습니다. 일생 동안 달려야 할 경주가 있는데 달리는 데 사용해야 할 시간에 필요할지도 모른다고 생각하는 짐들만 쌓고 있는 어리석은 경주자와 같습니다.[17]

해야 할 하나님의 일들과 유념해야 할 자신의 영혼과 준비해야 할 다가오는 심판을 위해 써야 할 시간이 한가득한데도 여러분은 부질없는 일들에 스스로를 피곤하게 하고 성가시게 하고 있습니다. 마치 여러분의 최고의 야망이 이다음에 지옥에 가서 살아생전에는 부했노라고 말하는 것인 것처럼 말입니다.

---

17) 플루타르코스(Ploutarchos)가 『영혼의 평정에 관하여』(De Tranquillitate Animi)에서 말한 바에 따르면, 알렉산드로스(Alexandros)는 자신이 세계의 주인이 될 수 없다는 사실 때문에 눈물을 흘렸습니다. 반면에 테베의 크라테스(Krates)는 가진 것이라고는 지갑 하나와 닳아빠진 겉옷뿐이었지만 마치 날마다 축제가 열리는 휴가를 보내듯이 유쾌하고 즐거운 인생을 살았습니다.

디모데전서 6장 6-10절은 말합니다. "그러나 자족하는 마음이 있으면 경건은 큰 이익이 되느니라 우리가 세상에 아무것도 가지고 온 것이 없으매 또한 아무것도 가지고 가지 못하리니 우리가 먹을 것과 입을 것이 있은즉 족한 줄로 알 것이니라 부하려 하는 자들은 시험과 올무와 여러 가지 어리석고 해로운 욕심에 떨어지나니 곧 사람으로 파멸과 멸망에 빠지게 하는 것이라 돈을 사랑함이 일만 악의 뿌리가 되나니 이것을 탐내는 자들은 미혹을 받아 믿음에서 떠나 많은 근심으로써 자기를 찔렀도다."

살아가는 동안에는 근심으로 자신을 찌르고 저 세상에서는 정죄를 받는 것은 돈을 사랑한 대가로는 너무 비싼 대가입니다.[18] 그리스도께서 마가복음 8장 36, 37절에서 직접 이렇게 말씀하셨기 때문입니다. "사람이 만일 온 천하를 얻고도 자기 목숨을 잃으면 무엇이 유익하리요 사람이 무엇을 주고 자기 목숨과 바꾸겠느냐." 그러니까 이욕 때문에 잃어버린다면 어떤

---

18) 시 37:16; 잠 16:8.

돈이나 값으로 그것을 되찾을 수 있겠느냐는 질문입니다.

　잠언 15장 27절은 이렇게 말합니다. "이익을 탐하는 자는 자기 집을 해롭게 하나 뇌물을 싫어하는 자는 살게 되느니라." 경건한 사람은 일용할 양식에 자족하면서, 스스로를 괴롭히는 세상에 속한 사람보다 훨씬 더 달콤하고 조용한 생과 사를 누린다는 사실을 모르십니까? 아주 쉽게 관찰할 수 있습니다. 잠언 15장 16절이 말합니다. "가산이 적어도 여호와를 경외하는 것이 크게 부하고 번뇌하는 것보다 나으니라."

가르침 9   그리스도의 본을 생각하라

　　　　　이 땅에서의 그리스도의 삶을 깊이 살피고 그 삶으로 얼마나 기묘하게 세상 사랑을 정죄하셨는지 보십시오. 예수님께서 영주나 임금이 되고자 하셨나요? 큰 재산이나 땅이나 돈이나 으리으리한 집이나 용맹한 시종들이나 풍요로운 의식주를 선택하시던가요?

　예수님의 거처가 어떠했는지는 마태복음 8장 20절과 누가복음 9장 58절에서 볼 수 있습니다. "…여우도 굴이 있고 공중의 새도 거처가 있으되 인자는 머리 둘 곳이 없다." 예수님의 의복에 관해서는 십자가에 못 박히실 때 사람들이 옷을 나눠 가지는 장면에서 알 수 있습니다. 돈에 관해서 말하자면, 세금을 내기 위해 베드로를 보내 고기를 잡아 오게 하실 정도였습니다.

만약 그리스도께서 부를 긁어모으는 데 관심을 가지셨다면, 여러분도 그렇게 해야 할 것입니다. 만약 예수님께서 그것이야말로 행복한 삶이라고 생각하셨다면, 여러분도 그렇게 생각하셔야 합니다.

그러나 예수님께서 그런 삶을 정죄하셨다면, 여러분도 정죄해야 합니다. 예수님의 삶 전체가 이 세상의 모든 풍요로움을 경멸하는 것에 대한 완벽한 본으로서 여러분에게 주어졌다면, 여러분은 그 본으로부터 배워야 합니다.

여러분이 예수님을 여러분의 구주로 모신다면, 만약 여러분이 자신을 사랑한다면 말입니다. 고린도후서 8장 9절은 이렇게 말합니다. "우리 주 예수 그리스도의 은혜를 너희가 알거니와 부요하신 이로서 너희를 위하여 가난하게 되심은 그의 가난함으로 말미암아 너희를 부요하게 하려 하심이라."

가르침 10   초대 그리스도인들을 생각하라

초대 교회 그리스도인들을 기억하십시오. 그리스도의 최고의 종조차도 세상 사랑을 어떻게 정죄했는지 보십시오. 그들은 그리스도의 이름으로 기적을 일으켜 앉은뱅이에게 다시 일어설 수 있는 사지를 허락할 수 있었음에도 사도행전 3장 6절에서 이렇게 말했습니다. "…은과 금은 내게 없거니와…."

가진 것이 있는 사람은 팔아 버렸고 그 돈을 사도들의 발아래 내어놓았습니다. 그리고 모든 소유를 함께 공유했고, 돈을 경멸하고 다른 이들을 돕기 위해 사용하며 온전히 하나님을 위해 내어놓음으로 믿음이 세상을 이긴다는 사실을 보여주었습니다. 사도들이 으리으리한 집에 살았었는지, 수많은 시종들을 부렸는지, 그리고 세상의 부요함과 풍요로움을 누렸는지 어디서 읽을 수 있단 말입니까? 다른 초대 그리스도인들도 마찬가지였습니다.[19]

---

[19] 요한네스 크리소스토무스(Johannes Chrysostomus)는 자신의 대적들이 자신에게 많은 죄를 부가했으나 탐욕과 방탕함으로 정죄하지는 않았다고 말합니다. 그리스도의 대적들도 그랬습니다.

가르침 11   세상 물질의 목적을 기억하라

       세상에 존재하는 모든 것들이 어떤 목적으로 만들어졌으며 여러분에게 주어졌는지 기억하십시오. 그리고 그것들로 여러분의 욕망을 채우고자 할 때 도리어 그것들과 절연함으로, 그리고 자신을 헌신하며 그것들을 하나님께 드림으로 얻을 수 있는 행복한 유익이 어떠한지 기억하십시오.

 세상 것들의 달콤함은 여러분의 영혼이 믿음으로 하늘의 달콤함을 맛볼 수 있도록 주어진 것입니다. 그것들은 육신에 담긴 영혼을 들여다볼 수 있는 유리창과도 같습니다. 아직은 영적인 것들을 대면하여 볼 수 없기 때문입니다.

그것들은 우리 몸의 양식입니다. 우리의 여행을 돕는 도구이자 도우미입니다. 쉬어 갈 수 있는 여관이자 도상에서 위로가 되어 주는 동료입니다. 하나님의 사랑을 나타내는 표식이며 그분의 형상과 친필 사인을 담은 조금 더 작은 동전과도 같습니다.

그것들은 영원한 즐거움의 강에서 떨어진 물방울들입니다. 이 모든 것을 주신 분이 얼마나 선하고 사랑이 많으신지, 영혼을 위해서는 얼마나 더 큰 즐거움이 있을 것인지를 우리 마음에 감각을 통해 알려 주는 것입니다. 그리고 이들이 예언한 우리에게 더 나은 것들을 가리켜 보여주는 것입니다.

그것들은 하늘의 사자들로서 우리 아버지의 사랑과 보살핌을 증언하고 우리의 감사와 사랑과 의무를 말하며 죄에 대해 증언하고 우리를 더 순종할 수 있도록 합니다.

그것들은 하나님 말씀 제1권입니다. 사람에게 읽도록 지정된 첫 번째 책으로서 우리 창조주를 온전히 알 수 있도록 주어졌습니다. 우리가 읽고 듣는 말씀은 마치 성령의 수레와도 같아서 그것을 통해 영혼으로 다가갈 수 있습니다.

이처럼 시각, 미각, 후각, 촉각과 청각의 즐거움도 천국에 속한 사랑과 달콤함을 우리의 마음에 올바르게 닿게 하려는 일반적 방편으로 주어진 것입니다. 피조 세계의 선함과 달콤함을 먼저 인식하고 나면, 하나님께서 합당한 방식의 진전으로 영혼을 향한 하나님의 선하심에 대한 깊은 인상을 전해 주십니다.

하나님의 책의 글자로서 우리가 눈으로 볼 수 있는 피조물들은 감각, 곧 위대한 우리 조물주의 사랑을 통하여 우리 마음에 지각됩니다. 감각을 떠나서 볼 수 있는 글자는 하나도 없습니다.

어떤 피조물도 하나님의 사랑에 대한 감각이 없이는 아름다운 것으로 보이거나 맛이 나거나 들리거나 느껴질 수 없습니다. 류트의 현에 손을 얹어 만짐으로 음악이 연주되듯이, 하나님의 자비의 만지심이 우리 마음 위에 있으므로 우리 마음이 사랑과 감사와 찬양에 조율됩니다.

그것들은 우리가 하나님의 일을 풍성하게 할 수 있도록 하는 도구입니다. 그것들을 수단으로 우리는 우리 형제에게 새

힘을 북돋워 주고 서로를 향한, 또한 우리 주님을 향한 우리의 사랑을 표현합니다.

그것들은 우리 주인의 상품으로서 장차 얻게 될 영원한 행복이라는 보상으로 교환해야 하는 것들입니다. 이것들은 하나님께서 우리에게 외적 자비를 주시는 수단입니다. 그러니 그것들을 사랑하시고 즐거워하시며 사용하십시오. 아끼지 말고 말입니다. 그렇습니다. 그것들을 구하고 그것들로 인해 감사하십시오.

그러나 피조물들이 이렇듯 탁월한 용도를 위해 주어졌는데도 그 모든 것을 여러분의 욕망을 위한 연료로, 육신을 위한 공급으로 격하시키시겠습니까? 그 고귀한 용도를 완전히 무시하고 그런 저열한 존중함으로 그것들을 사랑하고 맹목적으로 쫓겠습니까?

여러분은 책을 달라고 울면서 아무리 줘도 계속 조르는 어린 아이와 같습니다. 아이들은 책 읽는 것이 좋아서가 아니라 책을 가지고 놀려고 구하는 것입니다. 그리고 이제 읽고 익혀야 할 때가 되면 이번에는 싫어서 웁니다.

또한 여러분은 온 생애를 들여 고생 끝에 더없이 좋은 옷들을 구해서는 자기 개와 말을 입히는 데 쓰며 정작 자신은 벌거벗고 그 옷들을 입지 않으려고 하는 사람과도 같습니다.[20]

---

20) 심지어 시라쿠사의 참주 디오니시오스(Dionysios)도 철학자들에게는 후했습니다. 디오게네스 라에르티오스(Diogenes Laertios)가 플라톤(Platon)에 관해 쓴 글에 따르면, 그는 플라톤에게 80달란트가 넘는 돈을 주었습니다. 아리스티포스(Aristippos)와 또 다른 이들에게도 많이 하사했습니다. 그리고 돈 받기를 거절한 다른 많은 철학자들에게도 많은 것을 제안했습니다. 크로이소스(Kroisos) 역시 그리하였습니다.

가르침 12 하나님의 약속을 기억하라

하나님께서 여러분이 세상의 것들을 초월하여 살며 먼저 하나님의 나라와 그의 의를 구한다면 여러분을 위해 공급해 주겠다고 약속하셨음을, 유익한 것은 어떤 것도 부족하지 않으리라고 약속하신 것을 기억하십시오. 하나님의 약속을 믿지 못하십니까? 여러분이 참으로 그분을 하나님으로 믿는다면, 그리고 그분을 참되다고 믿는다면, 또한 하나님의 섭리가 여러분의 머리카락을 헤아리는 데까지 미친다고[21] 믿

---

21) 마 10:30; 눅 12:7.

는다면, 여러분은 분명히 자신의 예측과 열심을 믿기보다 그분을 신뢰해야 합니다.

하나님의 공급하심이 여러분 자신이 구하는 것보다 낫지 않다고 생각하십니까? 만약 여러분이 하나님께 그것들을 날려버리시라고 도발한다면 여러분이 자신을 돌보는 것으로는 한 시간도 살아 있을 수 없을 것이며 어떤 수고로도 부요할 수 없을 것입니다.

만약 여러분이 하나님의 공급하심으로 만족하지 못하고 그분의 사랑과 지혜의 처분에 따르려 하지도 않는다면, 하나님을 분노케 할 것이고, 그분으로 하여금 여러분의 염려와 근면의 결실을 그대로 내버려 두게 할 것입니다. 그리고 여러분은 하나님을 신뢰하는 것이 더 지혜로운 길이었음을 깨닫게 될 것입니다.

가르침 13 세상에 속한 마음의 해악

부를 향한 사랑이나 세상에 속한 마음의 무시무시한 중대함과 영향력을 자주 생각하십시오.[22]

1. 이런 영향력이 주도권을 쥐었다면, 이는 여러분이 사망

---

[22] 재앙이 가득한 세상의 진면목을 보고 사람을 흡사 마귀와 같이 만드는 온갖 억압과 약탈과 잔혹함과 비인간적 행위의 이유에 대해 알아보십시오. 부패하고 괴로움 가운데 있는 교회를 보고 그들의 분쟁, 분열, 강탈, 서로를 향한 증오와 잔혹함의 이유에 대해 알아보십시오. 여러분은 이 모든 것의 이유가 교만과 세상에 속한 것임을 발견하게 될 것입니다. 교만하며 세속적 마음을 가진 사람이 기만하고 친목을 다지고 성직 매매로 교회의 목회자 자리를 불법적으로 빼앗을 때 그들의 사고방식과 그들이 가진 목적에 따라 그것을 악의에 찬 지배와 육신적이고 세상적인 교회의 모습으로 만들어 갑니다. 이는 영적 영역에 대한 커다란 대적이며 핍박입니다. 육신에 속한 위선자는 가인이 아벨에게 그러했듯이 진지한 신자를 향한 시기로 가득 차 있으며 심지어 그의 마음은 쓰디쓴 불쾌감으로 채워져 자신의 거짓된 제사는 거의 고려의 대상으로 삼지도 않을 정도입니다.

과 비참한 상태에 빠져 있음을 보여주는 확실한 증거입니다. 앞서서 살펴보았던 이 죄의 악함을 보십시오. 선한 사람이 혐오스러운 죄에 집어삼켜진 바 됩니다. 하지만 성경에서 이런 사람을 탐욕스럽다고 말하는 부분은 찾아보기 힘듭니다. 은밀하게 현세와 거기서 얻을 재물을 깊이 탐하는 마음은 모든 위선자와 경건하지 않은 자들을 죽음으로 모는 죄입니다.

2. 세상에 속한 것은 말씀의 유익을 얻지 못하게 합니다. 믿고 회개하며 하나님께로 돌아오지 못하게 막으며 마지막 날에 대해 진지하게 생각하지 못하게 합니다.

이 땅의 것들을 향한 사랑과 염려만큼 죄인들의 회심을 막은 것이 어디 있겠습니까? 그들은 하나님과 재물을 동시에 섬길 수 없습니다. 그들의 보화와 마음은 동시에 하늘과 땅에 있을 수 없습니다! 그들은 이 땅을 사랑하는 것에 대한 그리스도의 가르침에 복종할 수가 없습니다. 그들은 천국을 위해 이 땅의 모든 보화를 버리지 않을 것입니다.

앞서 보았듯이 성경 말씀에 따르면 돈을 사랑하는 것이야말로 만악의 근원입니다. 그리고 아버지를 향한 사랑은 이 세상

을 사랑하는 이들 안에서 발견할 수 없습니다.[23)]

3. 이는 거룩한 묵상과 공회를 파괴하며 생각을 세상의 것들로 돌려 버립니다. 기도를 부패시키며 단지 육신을 섬기는 도구로 전락하게 합니다. 그래서 결국 하나님께서 미워하시는 기도로 만들어 버립니다.

4. 필수적인 죽음과 심판에 대한 준비를 크게 저해합니다. 사람들의 마음과 시간을 훔쳐 너무 늦은 때에 이르도록 합니다.

5. 이는 가장 가까운 사이에서 일어나는 다툼의 주된 원인이며, 나라 간에 재앙과 전쟁을 불러일으키는 원인이고, 비참한 교회 분열과 교회에 대한 핍박의 원인입니다. 세상에 속한 세대가 그들의 세속적 흥미를 취하여 자기 부인과 영적 원리와 신앙생활과 사람들에 반하여 생각할 때 이런 일들이 일어납니다.

6. 이는 세상에서 휘몰아치는 모든 불의와 압제, 그리고 잔혹함의 주된 이유입니다. 사람들은 돈을 사랑하지만 않았더라

---

23) 마 6:25; 13:22; 눅 16:13, 14; 14:33; 18:22, 23; 마 6:19-21; 딤전 6:6-8; 요일 2:15; 잠 28:9; 18:8; 약 4:3; 잠 28:20, "…속히 부하고자 하는 자는 형벌을 면하지 못하리라."

도 자신에게 남이 해주었으면 하는 대로 남에게 해주었을 것입니다. 이것이 사람을 친구들과 약속을 속이고 어기게 만듭니다. 하나님께 서약하지 않게 하고 사람에게는 의무도 지지 않게 합니다. 이것이 세상을 사랑하는 이를 지탱합니다.[24] 세상이 그의 신이며 세상에서의 관심이 그의 법이자 규율이 됩니다.

7. 이는 선행과 자선을 크게 파괴합니다. 더 이상 하나님과 가난한 자들을 위해 아무 일도 하지 않게 됩니다. 세상을 향한 사랑이 그렇게 하지 못하게 하기 때문입니다.

8. 가족의 질서를 무너뜨리고 모독합니다. 아이들과 시종들의 영혼을 마귀에게 팔아넘겨 버립니다. 이는 기도를 꺼뜨리고, 성경과 좋은 서적들을 읽지 않게 하며, 장차 올 생에 대한 어떤 진지한 대화도 닫아 버립니다. 그들의 마음이 세상에 사로잡혀 자기 육신을 채우는 것 외에 어떤 것에도 관심이 없어졌기 때문입니다. 심지어 주일마저도 선행이나 마땅히 행해야

---

[24] 약 5:1-5; 요일 3:17.

하는 의무를 위해 사용되지 않습니다. 세상이 간섭하고 마음을 나뉘게 합니다.

9. 이는 사람을 유혹하여 지식으로 아는 바에 반하여 죄를 짓게 하며, 진리를 버리게 하고, 자신을 옳다 하며, 자기의 영혼이 어떻게 되든지 몸과 재산만을 지키게 합니다. 이것이 바로 마귀가 영혼에 대한 대가로 내어놓는 것입니다!

이런 식으로 마귀는 유다의 영혼을 샀습니다. 유다는 바리새인들에게 가서 "내가 예수를 너희에게 넘겨주리니 얼마나 주려느냐."라고 했습니다. 마태복음 4장 9절을 보면, 마귀는 이를 그리스도께도 시도했습니다. "…만일 내게 엎드려 경배하면 이 모든 것을 네게 주리라."

세상에 속한 마음은 배교와 하나님을 향한 불신앙의 이유입니다.[25] 그리고 이것은 죄인들이 하나님과 양심과 구원을 팔아넘긴 대가로 얻는 것입니다.

10. 이는 영혼에게서 하나님과의 거룩한 교제와 하나님으로

---

[25] 딤후 4:10.

부터 얻는 위안을 빼앗고, 장차 올 것에 대해 미리 맛보지 못하게 하며, 결국 천국 자체를 빼앗습니다.[26]

   세상 사랑은 하나님과 천국 사랑에서 우리를 멀어지게 하듯이, 거룩한 사랑에서 솟아나오는 소망과 위로로부터 우리를 멀어지게 하려고 합니다. 여러분이 이것이 얼마나 악독한 죄인지를 안다면 돈과 세상을 사랑하는 마음을 치유하는 데 많은 도움이 될 것입니다.[27]

---

26) 딤전 6:17-19.
27) 그리스도의 양이라는 표식은 털이 짧게 깎인 양에게서 가장 분명하게 보입니다. 털이 길게 자라면 표식은 알아보기 힘들어집니다.

가르침 14 세상 사랑의 저급함을 생각하라

　　　　　　　세상 사랑의 죄가 얼마나 저열한 것인지, 어떻게 사람의 마음을 영예롭지 못하게 하며 깎아내리는지 기억하십시오. 땅이 하늘보다 낮으며 돈이 하나님보다 낮다면, 땅에 속한 마음은 하늘에 속한 마음보다 낮습니다. 흙을 먹으며 살아야 하는 뱀의 삶이 지극히 거룩하신 하나님을 높이고 찬양하며 그분께 순종하기 위해 사용되는 천사의 삶보다 저열한 것처럼 말입니다.

가르침 15 하나님의 심판을 생각하라

하나님께서 당신에게 맡기신 모든 일을 어떻게 감당하고 있는지 매일 점검하고 셈하십시오. 심판의 때 들을 말을 여기서 듣는 것처럼 애쓰십시오.

만약 여러분이 하나님의 심판을 믿는 다른 이들과 같이 매일 스스로를 하나님의 심판대 앞에 앉힌다면, 여러분은 더 얻고자 하기보다 현재 가진 것을 더 사려 깊게 사용하려고 할 것입니다. 또한 가진 것에 엄격한 책임을 져야 한다는 사실을 자각한다면, 더 풍요롭고 부요해지고자 하는 갈증을 꺼뜨릴 것입니다.

별 소용이 없다는 사실을 알게 되고 나면 육신의 욕망이 잦아들기 시작할 것입니다.[28]

---

28) 플루타르코스(Ploutarchos)가 『영혼의 평정에 관하여』(De Tranquillitate Animi)에서 말한 바에 따르면, 플라톤(Platon)은 우리의 삶을 탁자 위의 게임에 비견했습니다. 우리는 주사위 게임을 할 때 패가 잘 나오길 기대합니다. 그렇지만 무엇이 나오든 우리는 생각만큼 실제 게임을 해야 합니다.

가르침 16   탐심이 강해질 때 맞서 싸우라

      자신의 탐욕스러운 갈증이 더 강해지고 위험해진다는 사실을 알아채면 십자가로 해결하고자 하십시오. 다른 때보다 더 많은 시간을 경건과 사랑의 섬김을 위해 드리십시오. 가장 위험에 처한 곳으로부터 가장 멀리 달아나야 하는 것은 당연한 일입니다. 그 죄는 쉽게 습관이 될 수 있습니다. 자신의 탐심에 순종하면 그 죄는 더욱 강화됩니다.

  그러므로 탐심에 반대되는 행동을 하십시오. 탐심에 순응하지 않고 그것을 기뻐하지 않음으로 그것을 파괴하십시오. 이런 방식은 여러분의 탐심이 그 욕구를 충족시킬 수 없는 절망에 처하게 할 것이며 결국 주저앉아 추구하던 바를 포기하게 할 것입니다. 이는 공개적으로 모든 탐욕에 대항해 시위하는 것입니다. 그리고 이는 효과적인 회개이기도 하며, 지혜롭고 성실하게 죄를 무장 해제시키는 방법이고, 죄의 전략을 되돌려 스스로 파멸하게 하는 방법입니다.

그러니 자주 사용하십시오. 그러면 탐심은 잠잠한 것이 살 길이라고 생각하게 될 것입니다.

가르침 17 천국을 마지막으로 미루지 말라

      무엇보다 하나님과 재물을 화해시키고 천국과 이 땅을 혼합하여 행복을 누리려는 생각을 하지 마십시오. 최대한 사랑할 수 있을 때까지 이 세상을 최선을 다해 사랑하다가 천국은 마지막 날에나 구할 것이라고 생각하지 마십시오.

  세상을 사랑하는 마음이 있으나 아주 적고 용서받을 수 있을 정도밖에 되지 않는다는, 그래서 자신은 세속적이지 않다는 거짓된 소망보다 더 세상 사랑의 정당성을 옹호해 주는 것은 없습니다. 천국이 여러분의 마지막 피난처이자 최고의 행복이 되리라고 고백하며, 안녕을 고할 때 무언가를 할 것이라고 생각하는 것보다 이 거짓 소망을 더 지지해 주는 것은 없습니다.

정작 여러분은 세상을 더 사랑하고 더 구하고 더 즐거워하며 더 단단히 쥐고 있지 않습니까? 여러분의 마음과 기쁨과 욕망과 사업의 대부분을 차지하고 있지 않습니까?

천국을 위해 모든 것을 내려놓을 수 없다면, 그리고 위로부터 오는 보화를 위해 세상 전체를 버릴 수 없다면, 누가복음 14장 26, 27, 30, 33절의 말씀과 같이 여러분은 그리스도의 참 제자가 될 수 없습니다.

가르침 18 육신을 죽이라

세상 사랑을 극복하고자 한다면 여러분이 가장 유념해야 하는 것은 육신을 죽이는 것입니다. 육신을 위한 필요를 공급하기 위해서 세상을 사랑하는 것이기 때문입니다.

죄를 죽인 사람에게 호색가의 행복은 필요 없습니다. 여러분의 만족할 줄 모르고 자제력을 잃은 갈증을 소멸시키십시오. 그러면 여러분은 마시고 싶어서 어쩔 줄 몰라 하지 않게 될 것입니다. 여러분의 욕구를 끓어오르게 하는 이 질병을 치료하십시오. 그것이 가장 안전하고 싸게 만족하는 길입니다.

그러면 여러분은 다른 사람의 부와 화려한 인생을 보면서도 그것들이 필요하지 않기에 하나님께 감사하게 될 것입니다. 부유한 사람과 같이 생각해야 할 많은 땅과 시종과 물건과 사업과 사람들을 거느리고 있다면 얼마나 많은 문제와 짐을 져야 할지, 여러분의 일과 위로가 얼마나 방해받을지 생각하게 될 것입니다.

그리고 여러분은 얼마나 더 하나님과 여러분 자신을 더 조용하고 고요하게 즐거워할 수 있는지 생각하게 될 것입니다.

마치는 글

삼가 모든 탐심을
물리치라

세상을 사랑하는 것이 얼마나 불경건하고 정죄받을 만한 것들로 가득한지 안다면, 얼마나 우리 영혼의 대적이 되는지 안다면, 우리의 신앙이 그것을 경멸하고 정복하는 것에 있다는 것을 안다면, 세례로 언약을 맺을 때 고백한 세상을 죽이겠다는 것이 무슨 의미인지 안다면, 얼마나 많은 세상 사랑이 영원한 정죄에 처해질지 안다면, 하찮은 것들을 위해 요동하고 온종일을 후폐할 자신의 육신을 먹이는 데 허비하지 않을 것입니다. 가장 부유한 사람들이 가장 행복할 것이라 생각하지도 않을 것입니다.

시편 10장 3절에서 말하는 악인과 탐욕을 부리는 자가 하는 일도 하지 않으려 할 것입니다. "악인은 그의 마음의 욕심을 자랑하며 탐욕을 부리는 자는 여호와를 배반하여 멸시하나이다." 에베소서 5장 3절에 언급된 그리스도인이 이름조차 부르면 안 되는 죄, 극히 증오할 죄를 작은 죄로 여기지 않을 것입니다.

고린도전서 6장 10절, 에베소서 5장 5절에서 하나님께서는 탐욕을 부리는 자는 하나님의 나라를 유업으로 받지 못한다고 말씀하십니다. 고린도전서 6장 11절을 보면, 그리스도인은 그런 사람들과 함께 먹지도 말아야 합니다.[29]

누가복음 12장 15절에서 그리스도께서 "삼가 모든 탐심을 물리치라."라고 하신 것을 기억하십시오. 하박국 2장 9절은 이렇게 말합니다. "재앙을 피하기 위하여 높은 데 깃들이려 하며

---

[29] 고전 6:11에서 직접적으로 그런 사람들과는 함께 먹지도 말라고 하지는 않는다. 다만 고린도 교회 성도 중에도 고전 6:10에서 말하는 탐욕스러운 사람들이 있었으나 이제는 그들이 그리스도의 이름과 성령 안에서 씻음과 거룩함과 의롭다 하심을 받았다고 말한 데서 확장하여 이해한 것으로 보인다-역자 주.

자기 집을 위하여 부당한 이익을 취하는 자에게 화 있을진저."

오, 이 세상은 얼마나 헌신된 시종들을 거느리고 있는지요. 그들은 너무도 성실하고 꾸준하게 그리고 비싼 대가를 지불하면서 세상을 섬깁니다. 잠깐이면 지나가 버릴 덧없는 즐거움 외에 그들이 얻을 것은 영원한 수치밖에 없는데 말입니다! 오, 이 허무한 그림자의 속이는 힘이 어찌나 강력한지요! 아니라면, 인간은 어찌 이토록 놀랍도록 어리석은지요! 수많은 시대가 우리에 앞서 속임을 당했으며 이미 죽은 이들 중 대부분이 자신이 속았다고 고백했음에도, 여전히 수많은 이들이 속임을 당하며 세상에 실존했던 본으로부터 경고를 받으려 하지 않습니다.

이제 히브리서 13장 5절로 말씀을 맺으려 합니다. "돈을 사랑하지 말고 있는 바를 족한 줄로 알라 그가 친히 말씀하시기를 내가 결코 너희를 버리지 아니하고 너희를 떠나지 아니하리라 하셨느니라."

사명선언문

너희가 흠이 없고 순전하여……세상에서 그들 가운데 빛들로
나타내며 생명의 말씀을 밝혀 _ 빌 2:15~16

1. 생명을 담겠습니다
만드는 책에 주님 주신 생명을 담겠습니다.
그 책으로 복음을 선포하겠습니다.

2. 말씀을 밝히겠습니다
생명의 근본은 말씀입니다.
말씀을 밝혀 성도와 교회의 성장을 돕겠습니다.

3. 빛이 되겠습니다
시대와 영혼의 어두움을 밝혀 주님 앞으로 이끄는
빛이 되는 책을 만들겠습니다.

4. 순전히 행하겠습니다
책을 만들고 전하는 일과 경영하는 일에 부끄러움이 없는
정직함으로 행하겠습니다.

5. 끝까지 전파하겠습니다
모든 사람에게, 땅 끝까지, 주님 오시는 그날까지
복음을 전하는 사명을 다하겠습니다.

서점 안내

광화문점	서울시 종로구 새문안로 69 구세군회관 1층 02)737-2288 / 02)737-4623(F)
강남점	서울시 서초구 신반포로 177 반포쇼핑타운 3동 2층 02)595-1211 / 02)595-3549(F)
구로점	서울시 동작구 시흥대로 602, 3층 302호 02)858-8744 / 02)838-0653(F)
노원점	서울시 노원구 동일로 1366 삼봉빌딩 지하 1층 02)938-7979 / 02)3391-6169(F)
분당점	경기도 성남시 분당구 황새울로 315 대현빌딩 3층 031)707-5566 / 031)707-4999(F)
일산점	경기도 고양시 일산서구 중앙로 1391 레이크타운 지하 1층 031)916-8787 / 031)916-8788(F)
의정부점	경기도 의정부시 청사로47번길 12 성산타워 3층 031)845-0600 / 031)852-6930(F)
인터넷서점	www.lifebook.co.kr